Happy Turn Note

If you can dream, it you can do it

書くだけで願いがかなう ハッピーターンノート

田宮陽子
Yoko Tamiya

廣済堂出版

Prologue

書いてすぐに運気が変わります！

ある日、私はとても不思議なことに気づきました。
ふと思い立って、小さなノートに
今日起きた「いいこと」を書いていたのですが、
すると、翌日必ずまた「いいこと」が起こるのです。
最初は偶然かと思いました。
なぜなら「ノートにただ書くだけ」で、
そんなに現実が変わるとは思わなかったからです。
当時の私は、たくさんの問題を抱えていました。

いまよりずっと悲観的な考え方をするクセがついていたのです。

けれど、次の日も、また次の日も、
自分が見つけた「いいこと」を書けば書くほど、
今度はもっと「いいこと」が起こりました。
そして、「いいこと」がどんどん増えて、
やがて奇跡のような、とてつもない幸運がやってきたのです。

「ハッピーターンノート」は、
その私の体験をもとに生まれました。

このノートに、その日あなたが感じた「いいこと」を書くだけで、
脳に幸せをキャッチする「ハッピー回路」ができあがって、
あなたの運の流れは、ガラリとよい方向にシフトチェンジします。

「私ってツイてない」「人生、いいことないな」

「どうせ私なんてなにをやってもダメよ」

「世の中って不公平だよね」

これまでそんなふうに思っていたとしても、
絶対「運のいいあなた」に変われます！

もうその流れに乗っているから、

この本を手にとってくださったのです。

さぁ、いよいよハッピーターンノートの魔法がはじまります。
あなたにとって、とびきりうれしい「幸せな奇跡」が
いまからスタートします。
本書はノートとして書き込めるようにもなっています。
バッグに入れておき、１日何度もページを開くと、
魔法の効果がさらに大きくなります。
どうぞ、ワクワクしながら、１枚ずつページをめくってくださいね。

田宮陽子

Part2

書くだけで「自分軸」ができて、自分を好きになる！

Part3 書くだけでなぜか夢や願いがかなう！

Part4

書くだけで「お金」「運命の人」「チャンス」がやってくる

Part5
ハッピーターン効果がますます高まる魔法の習慣

付録

※付録は巻末(223 ページ) から読んだり使用します。

デザイン　太田玄絵
編集協力　金原みはる、大西華子
イラスト　竹内舞
校　正　矢島規男
ＤＴＰ　三協美術
編　集　江波戸裕子

Part1

書くだけで
運が劇的に上がる
「魔法のノート」

このノートに「いいこと」を
書いていると
「運のよくなる回路」が
あなたにつくられていきます。
そのヒミツをいまから
お話しします。

自分にダメ出しするクセがあなたの運をジャマしている！

毎日、同じことのくり返しで、なんとなく過ぎていく時間。

そして、人には言えないけれど、解決できない問題や悩みがいろいろある……。

「どうしたら、もっとワクワク人生を送れるのかな？」

「どうしたら、もっと幸せになれるのかな？」

などと思ったことはありませんか？


わかります、その気持ち。

私もずっとそんなふうに思ってきました。


一生懸命、生きてきたあなたに、神さまはごほうびをくれました。

それは、この**ハッピーターンノート**との出逢いです。

おめでとうございます。

今日からあなたの運気は劇的に上がっていくでしょう。

なぜなら、**あなたは「幸せにならなくてはいけない人」**だからです。


実は、すでにあなたはたくさんの存在にサポートされています。

あなたを守ってくれていたり、あなたに大切なヒントをくれる「光の存在」。

それを「宇宙」とか「神さま」とか「ご先祖さま」と呼ぶのですが、その「光の存在」は、あなたの日常に毎日**「ちょっとしたいいこと」**を起こしてくれているのです。


たとえば……。

「たくさん歩く用事があったとき、『ちょっと疲れたなあ』と思ったら、ちょうど目の前にステキなカフェがあった」

「電車の窓をボーッとながめていたら、雲のあいだから光が差して、光の柱が地上にふりそそいで見えて、なにかのメッセージであるかのように神秘的だった」

「『これ、ほしいなあ』と思うものがあったとき、臨時収入が入ってきて、それを買うことができた」

などなど、そのときは「うれしいなあ」と思ったけれど、忙しい日常に入ると忘れてしまいがちなこと。

そういうふうに、あなたにとっての**「ちょっとしたいいこと」**があったりします。

「そんなこと、私には起こらない……」と思いますか？

でも「少し珍しくておいしいものを見つけた」とか「今日は久しぶりにぐっすり眠れた」とか「離れて住んでいる家族に連絡してみたら、元気でいてくれた」など、見逃してしまいそうだけど、**「あなたにとってのいいこと」は必ず起きています。**

なぜなら、あなたはどんなときも宇宙や神さまやご先祖さまに愛され、守られているからです。

彼らの「いいね！」という応援が「日常で起こる、ちょっとしたいいこと」です（ときにはそれを超えて、「とびきりのいいこと」が起こる日もあります）。

この本で私がいちばん伝えたいことは、

「あなたは『光の存在』に愛され、守られている！
その合図は、日常のなかの『ちょっとしたいいこと』として起きている」

です。

それに気づいた瞬間から、あなたは劇的に運がよくなります。

さらにあなたに起きたいいことを「書く」ことで、あなたが守られ、愛されているという**「記録づけ」**ができます。

人は誰でもメンタルが落ちそうになったり、気分がゆれそうになることがあります。

けれども、そんなときでもこのノートに「書いてあること」を見返すと、あなたの波動（あなたから発信されている周波数）が、またよい方向にピタッと戻ります。

このノートを書いて、あなたの運気が安定するまで持ち歩き、たびたび見返すことで、メンタルの落ち込みなどに負けずに上昇気流に乗っていきます。

このハッピーターンノートで、自分の運気を軌道修正できるのです。

「運のいい人」がやっているヒミツの習慣

ハッピーターンノートは、「書く」ことで自分と向き合うツールです。

使い方はとってもカンタン。

今日起きた「いいこと」を書くだけです。

もしも余裕があれば、このノートの「自分への質問」（２０２〜２１８ページ）の答えや、「かなえたい夢や目標」（２００ページ）なども書いてみてくださいね。

でも最初は、あなたが今日見つけた「いいこと」だけでＯＫです。

「あれもこれも書かなきゃ……」とあせったり、ムリすることはまったくありません。あせったり、ムリにがんばりすぎると、あなたの波動が重くなり、願いがかないにくい状態になるので、「楽しく書き込もう！」というスタンスを忘れないでください。

「いいこと」は、どんな小さいことでもかまいません。
むしろ、日常のなかであたりまえのようにやっていることを、「いいこと」として
とらえられるようになったら、しめたもの。

たとえば……。

「ハッピーターンノートがゆっくり書けそうなお気に入りのカフェを近所に見つけた」

「今日はヘアスタイルがうまく決まった」

「お天気がよかったので、近所を散歩して、神社にお参りに行ってきた」

「今日も無事に帰宅できました。ありがとう！」


こんな感じで、**いつもは「あたりまえのこと」としてやっていることを、「いいこと」として書いていく**のです。

こうして「いいこと」を一つひとつ見つけるうちに、いつもの日常生活がどんどん

楽しくなっていきます。

気分がスカッとしていて、充実感がわいてきて、なんだか自然に笑顔になるのです。

ここで気づいておきたい大切なポイントがあります。

実は**運がなかなか上がらない人は、不幸なことを見つけるのがうまいの**です。

同じ状況でも、ネガティブな面に目が行ってしまうのですね。

「近所にカフェはあるけれど、あの店のドリンク料金って高いよね」

「最近白髪が増えてきたなあ。髪の量も1年前に比べてだいぶ減ってきたし、歳をとるとイヤなことばかり……」

「家の近所には、あえて見てまわるようなおもしろいところはなんにもない」

「今日も家と会社の往復だけで、変わりばえのしない、つまらない1日だった」


逆に**運がいい人は「いいこと探し」が上手**です。

「いいこと探し」が上手になるには、ちょっとした訓練（トレーニング）が必要です。

なぜなら、「ネガティブな面に目が行く」というクセを、「なにが起きても、いいことを見つけ出す」というクセに変える必要があるからです。

通常だったら、ちょっと時間がかかりそうなトレーニングを、あなたは最短で合格できます。

それは、**このハッピーターンノートに出逢った**からです。

ノートに「いいこと」を書いているうちに、いいこと探しがバツグンに上手になります。

気づいたら、**あなたは「いいこと探し」の達人に！**

すると運の流れが劇的によくなるので、いままでは来なかったような「いいこと」が連続してあなたに訪れるようになります。

そして、あなたの**「波動」**が変わります。

波動というのは、その人の持つムードやオーラ、気のようなもの。言葉にしなくても、ただよう〝なにか〟が違うのです。

友だちや同僚から「あれ、なんかいいことあった？」「メイク変えた？」「肌がキレイになったね」「なんか若々しくなったね」と聞かれるなど、変化は書いたその日から感じるかもしれません。

細かく言うと、書いて5時間後くらいから少しずつ変化が起きてきます。私の場合は、午前中に書くと夕方くらいからなにか変化が起きることが多かったです。

ほんの数日でも続けるうちに、まるで別人になったくらい、あなたからハッピーな波動がどんどん出てきます。

そうなったら、あなたは「ひとつ上のステージ」に上がっています。
あなたには、もっともっと大きな「いいこと」がやってくるでしょう。
なぜなら、あなたの進化した波動にふさわしいものを引き寄せるからです。
幸せな波動をいっぱい出している人のところには、幸せがますます集まるのです。

そう断言できるのには、理由があります。

人生のどん底で出逢ったハッピーターンノート

実は、以前の私の人生は試練の連続でした。

そのひとつが、20代半ばに、大きな病気にかかったことです。

私の病気はとても珍しいケースで、大きな病院をいろいろまわったのですが、どこへ行っても告げられるのは、「かなり進行しています」「深刻な事態です」と、つらいことばかり。

「なぜ私がこんなことに……」

「どうしたらいいのかわからない……」

人ってこんなに泣けるんだというくらい、毎日毎日、泣きはらしました。

また、家族のことでも悩みを抱えていました。

私には弟がいたのですが、弟が「心の病気」になり、周りの人たちと次々とトラブルを起こすようになりました。
その連絡を受けるたびに、血の気がスーッと引いたり、「どうしよう……」と体中がガクガクと震えることの連続。
また母は、弟が「心の病気」になったころから、弟のことをなげいたり、自分を責めたり、家のなかに引きこもるようになっていきました。
いつも暗い顔をして、口にするのはネガティブなことが多く、グチや泣き言ばかり。母と接するたびにケンカが多くなり、私は母との関係でも悩むようになっていきました。

「どうして私の家ばかりにトラブルが立て続けに起こるんだろう……」

「なにも問題を抱えていない人がうらやましい……」

親しい友だちのなかには、好きな仕事に打ち込んで、毎日をイキイキと過ごしている人もいます。ステキな恋人ができて、愛されている人もいます。幸せな結婚をして赤ちゃんが生まれた人もいます。

どうして私だけがこんなことに……。

とまどい、怒り、不安、孤独……。

あのころの私は、この苦しみを誰にも言えませんでした。

このつらい気持ちをどこかに吐き出したい……。

そこで利用したのが、ノートでした。

以前から、なんでもメモするクセがありました。１００円くらいの小さなノートに文庫本のカバーをかけて持ち歩き、なにか思い浮かぶとパッと書き綴《つづ》っていたのです。

とにかく**最初は「その日思ったこと」を、もうひとりの自分に話すように書いていました。**

「今日はこんなことが起こった」

「どうしたらいいのかわからない」

「とてもつらかったし、これが実際に起きたなんて信じたくない」

でも吐き出すうちに、不思議と「ネガティブなことばかりじゃなくて、少しでも希望となるようなことを書いておこうかな……」という思いが出てきました。

なぜなら、ノートを書いた次の日も、私は生きていて、私の人生はまだ続いているからです。

そんな**「明日の自分」のために、生きるエネルギーが少しでも出てくるようなことを書いておきたい**と思ったのです。

ムリに「カラ元気」を出さなくてもいい。

どんなにどん底のときでも「ちょっとのいいこと」はあるものです。

それをただ書きとめておく。

そしたらちょっとだけ、生きていくことへの意味が持てるような気がする。

そう思った瞬間に、私のなかでなにかが変わりました。

こうして書きはじめたのが元祖「ハッピーターンノート」です。

「いいこと」にフォーカスしたら、運の流れが変わりはじめた！

誰だって苦しいときは、ネガティブなことばかりに目が行きがちになりますよね。

その気持ち、本当によくわかります。

だけど、ネガティブなことばかりに注目していると、ますます「よくないこと」が起こってくる場合があります。

これは「引き寄せの法則」と言って、「その人が注目していることと、同じ種類のことがまた起こる」という宇宙の法則です。

当時の私はそんな法則は知りませんでしたが、「そういう流れ（引き寄せ）があることに、なんとなく気づいた」というのはたしかです。

だから、「この流れをちょっとずつでも変えていきたい」と思いました。

最初は「日常のなかから、ほんのちょっとしたいいことを見つける」

というところからはじめました。

「病院の売店で、おいしいシュークリームを見つけた」

「ラジオのＤＪの言葉に励まされて、元気が出てきた」

「心がほっとする本を見つけたので、しばらくバッグに入れて持ち歩こう」

今日も、明日も、「ちょっとしたいいこと」をノートに書き続けました。

すると、現実が変わりはじめたのです。

新しい治療法を実践している病院を紹介していただけたり、やさしくて腕のいいお医者さまと出逢えたりしました。

私自身も、気がつくとなにかが変わっていました。

相変わらず問題は山積みだったけれど、「つらいなあ」「苦しいなあ」という思いが前よりゆるみ、心のどこかが「ちょっとラク」になっていたのです。

そのころ、私は「あること」をよく考えるようになっていました。

それは「人はなんのために生きるのか？」という究極の質問です。

ふだんだったら、そんなことは考えもしなかったでしょうが、なにしろ大きな病気だったので、「私が生きる意味とは？」という究極的な真理を考えたのです。
日々「ちょっとしたいいこと」を書くうちに、ある日突然、その「答え」がふっと心にわいてきました。

「私が生きる理由。それは、好きなことや楽しいことを見つけて、最後の1日までなにかに夢中になって過ごすため」と。

その瞬間、心がパーッと晴れました。

そのとき……信頼していた病院から、1本の電話が入りました。
実は、その病院での入院・手術を希望していたのですが、それまではベッドがいっぱいでかないませんでした。
ところが、「入院していた方がおひとり、劇的によくなって回復されたので、急にベッドに空きが出ました。ですから、いますぐに入院されたいのでしたら受け入れますよ」という連絡だったのです！

結果的にその病院で手術を受けられて、私は奇跡的に回復できました。

こうしていま、私は元気です。

信じられないような「大どんでん返し」が実際に起きたのです。

それにしても、ものすごいタイミングで受け取った電話でした。

いま思えば、あれも偶然じゃないのかもしれません。

「毎日のなかで『ちょっとしたいいこと』を見つけながら生きていると、それは『大きないいこと』につながっていくよ」

そんなふうな意味を含んだ、宇宙や神さまからのメッセージだったような気がしてならないのです。

すべては、ハッピーターンノートをつけるところからはじまりました。

ハッピーターンノートの効果は、これほど絶大なのです。

脳が「ハッピー回路」に切り替わると、なにが起きる？

いままでは、「ネガティブなできごと」や「うまくいかないこと」のほうに注目するクセがついていたかもしれません。

でも、私がまさにそうだったように、ハッピーターンノートを書いていると、心や考え方のクセが変わってきます。

自然と「いいこと探し」が上手になっていきます。

そう、**あなたのなかにある「ネガティブなできごとをまっさきに見つけ出す回路」が、「いいこと」のほうに着目する「ハッピー回路」に切り替わるのです。**

すると「いいこと」を見つけるアンテナがますます磨かれて、もっとたくさんの「いいこと」をキャッチできるようになります。

実は、このノートの名前は、みなさんも多分ご存じのお菓子、「ハッピーターン」からヒントをいただきました。私は甘じょっぱいパウダーがたっぷりついたサクサクのあのおいしいおせんべいが大好きです。

「ハッピーターン」という商品名には、こんな願いが込められているそうです。

「これを食べたみなさんに幸せ（ハッピー）が戻って（ターン）きますように！」

このすてきな由来のとおり、**ハッピーターンノートをつければ、幸せはちゃんとあなたに返ってきます。**

「いいこと」を見つければ見つけるほど、あなたの運は劇的に上がっていくのです。

これまでは、運は自分の力ではどうしようもないもの、ごく一部の人がたまたまつかむもの、と考えていた人もいるかもしれません。

でも、いまから言うことを覚えていてくださいね。

「幸せが戻ってくる分量を決めるのはあなた」なのです。

つまり、これからの人生は、すべてあなたがつくっていけるのです！

なかなか「いいこと」が探せないときは？

あなたに今日起きた「いいこと」をメインで書くのが、このハッピーターンノートです。

「でも、普通の日常のなかで、そんなにいいことなんてあるのかな」と思う人もいるかもしれませんね。

20ページでもお伝えしたように、**「いいこと」探しは、「あたりまえのように送っている暮らしのなかから『ほんのちょっとしたいいこと』を見つける」だけ。**これがあなたの運を動かすコツになります。

少しでも、あなたが「いいなあ！」と感じるなら、それこそが「いいこと」です。

・おいしかったもの
・気持ちよかったこと
・癒やされたこと
・元気が出てきたこと
・うれしかったこと
・なんとなくいい感じ

これが「いいこと」を見つけるヒントになります。

たとえば……。

「アスファルトのすきまに、かわいいタンポポが咲いていた」
「ずっと更新ができなかったインスタ、今日はアップできた！」
「ほしいけどちょっと高いと思っていたスカート、急にセールになって買えた！」
「ゆっくりお風呂につかって、気持ちよかったぁ」

など、短い文で箇条書きでもいいし、長い文章になってもかまいません。

たった1個でもかまいません。文章が上手でなくてもいいんです。

「こんな小さなことが『いいこと』っていえるのかな……」

「このくらいのことで喜んでちゃダメ」

「一生懸命考えたけど、『いいこと』がなかなか思いつかない……」

そんなふうに「いいこと」探しに対して、「ハードルが高いなあ」「私にできるかなあ」と思っている人もいるでしょう。

でも、心配しないでください。

それは、あなたの周りに「いいこと」が起きていないのではなく、**まだ「ハッピー回路」のセンサーがうまく働いていないだけ。**

そんなときは、ノートの**「開運言葉」**（187〜194ページ）を書いてみてください。すると、「いいこと」を見つけるセンサーの性能がどんどんよくなります。

ですから、あなたは必ず「いいこと」探しの達人になれます。

安心してくださいね。

ただ、私もそうだったように、いざノートに向かってみると、最初はネガティブな思いばかりがあふれてしまうこともあります。

そんなときは**「心の大掃除」**が必要です。

２２２ページに「ネガティブ感情を書き出すページ」をつくりましたので、ここに吐き出してください（ご自分のノートでもＯＫです）。

心のドロドロ、モヤモヤを書くことで出しきって、心のなかを大掃除。

スッキリしたら、さあ、もう一度「いいこと」探しに戻りましょう。

スマホでなく、あえてノートに書くのには理由があります！

運のよい人は「**自分と向き合う時間**」をつくっています。

私はライターや編集者をしていたときに「幸せな成功者」と呼ばれる方を1000人以上取材しましたが、多くの方が1日のうちに「1人になって自分と向き合う時間」をつくっていることを知りました。

彼らの多くは超多忙にもかかわらず、そんななかでも「自分と向き合う時間」を優先してスケジュールに入れていたのです。

その時間に「**自分の『本当の気持ち』に耳をすまし、いまの自分の心を知る**」のです。

これはものすごく大切で、あなたの運を左右するポイントになります。

「自分の『本当の気持ち』に耳をすまし、自分の心を知る」ためのとっておきの方法が、**「ハッピーターンノートを書くこと」**です。

まず、心をちょっと落ち着けてから、ノートを開きます。

そして、「今日はどんな『いいこと』があったかな」と今日のできごとをふり返っていきます。

もちろん「いいこと」が起きた直後に、サッとノートにメモできたら、それはすばらしいこと。うっかり「いいこと」を忘れたりせず記録できますから。

でも、「いいことが起きたときは仕事中でした」とか、「外にいました」なんていう場合はできませんよね。

ですから、「夜、寝る前にノートを書こう」とか「午後、お茶しているときにノートを書こう」とか「スキマ時間にちょこちょこノートを書こう」とか、自分のやりやすい方法を見つけてください。

おつとめの方なら、ランチの後、仕事に戻る前の時間を利用して、カフェや公園でノートを広げるのもいいでしょう。

こんな話をすると、「忙しくてなかなか時間がとれないんです」とおっしゃる方がいるのですが、**ほんの15分でいい**のです。

本当に自分を幸せにしたいと思ったら、15分くらいの時間はつくれるのではないでしょうか？

あなたの魂は、ハッピーターンノートを書くことを望んでいるはずです。

だからこそ、この本をいま手にしているのです。

「いまはスマホでなんでもメモできる時代なのに、あえてノートに手書きする必要はあるのでしょうか？」といった質問をいただくこともあります。

スマホではなくノートに書くのには理由があります。

実は「手で文字を書く」という動きには、とんでもない効果があって、脳の働きが活発になるのです。

役者さんのなかには、セリフは書いて覚えるという人もいます。みなさんも、学生時代、英単語を何度も書いて覚えたりしませんでしたか？

手書きは、それだけ脳の潜在意識に届きやすいのです。

また「写経《しゃきょう》」といって、お経を手で書き写していく修行がありますが、ひたすら文字を書いていくことで、心や体を浄化し、運命を好転させていく力があると言われています。

このハッピーターンノートにも、文字を書くことで、心を整理して、あなたのパワーを引き出していく効果があります。

パート６から、そのまま使っていただけるページをご用意しました。

さっそく、今日から書き込んでみてください。

また、２０２〜２１８ページに「自分への質問」も掲載したのは、こちらに答えて書くことで、より一層「本当の気持ち」がわかるからです。もちろん余裕があったらで大丈夫です。

不安なとき、ハッピーターンノートは「お守り」になる

「ハッピーターンノート」は、あなたにとって「お守り」の役目も果たしてくれます。

どんなときでも気分よくいられればいいのですが、人には感情があるため、その日起きたことや、目の前で起きていることに多少なりとも気分が左右されます。

心が大きくゆさぶられるようなニュースが入ってきたとき。

うっかりして仕事で大きなミスをしてしまったとき。

「どうしよう……」と不安やあせりで心が支配されそうになることもありますよね。

そんなとき、**とりあえず大きく深呼吸をひとつしてから、「ハッピーターンノート」を手にとってみてください。**

不思議なことに装丁の金色を見たとたん、あなたの気持ちはなんだか落ち着いてきませんか？

幼い子どもが外に出かけたり、知らない場所に行くときに、いつも自分がベッドで使っている毛布を持っていくと安心していられる……というエピソードがあります。

これはその毛布を持っているだけで、自分が守られた環境で安心して眠るときを思い出すからです。

心がゆれそうになっても、毛布に触るだけですぐにおだやかで満ち足りた波動に戻れるのです。

心理学的に**「安心毛布」**と呼ばれる効果ですが、あなたにとって「安心ノート」となるのが「ハッピーターンノート」です。

「ハッピーターンノート」を、いつもあなたのそばにおいてください。

できればノートを手に入れてから**最初のひと月はバッグに入れて、お守りがわりに持ち歩く**のをおすすめします。

心がゆれそうになったり、不安を感じることがあったら、すぐに「ハッピーターンノート」に触れるのです。
それだけであなたの心を上向きにする軌道修正がはじまります。

「ハッピーターンノート」で幸せな奇跡が起こった人から報告が続々と！

ノートに「いいこと」を書いていると、なぜか運気が上がっていくというすごい魔法。

これについては、これまで私のブログでもおすすめしたことがありました（そのときは自分のお気に入りのノートに「いいこと」を書いていました）。

すると実際にたくさんの方が実践してくださり、「うれしいことが起きた」という報告が全国から続々と届くようになりました。

たとえば……。

・ずっと憧れていた仕事につけました！

・理想のパートナーと出逢えました！
・大きなお仕事が連続して入ってくるようになりました！
・不思議な臨時収入が入ってきました！
・「家族の問題」が解決に向かう流れが見えてきました！

などなど、思った以上の幸せを手に入れることができた！　という声がたくさん届いたのです。

なかでも驚いたのは、多くの方が**「ノートを書くようになると、けっこうすぐに、なんらかの効果が出る」**ことです。
さらに、長く続けてくださっている人には「信じられないようなうれしい奇跡」が起こりやすいこともわかりました。

人はなにかをはじめるときに「めやす」があると「やってみようかな」と心が動く

ものです。

まずは10日間、パート6のノートに書き込んでみてください。

あなたの心になんらかの変化が起きて、現実にも「うれしいなにか」が起こってくるでしょう。

最初は小さな変化かもしれませんが、それはあなたを強運へと導く「はじまりのチャイム」です。

さあ、次に幸せになるのは、あなたの番です！

Part2

書くだけで「自分軸」ができて自分を好きになる！

あなたはなにをしているときが、
うれしくて、楽しくて、
幸せですか？
ハッピーターンノートは
「本当のあなた」を教えてくれます。
自分を大切にする第一歩でも
あるのです。

フタをしてきた「本当の気持ち」に気づいた私

ハッピーターンノートと出逢う前のあなたは、心があっちへ行ったり、こっちへ行ったりとゆれることが多かったかもしれません。
まさに、以前の私がそうでした。

誰からも嫌われたくない……。
みんながそうしているから合わせないと……。
失敗して傷つくのはイヤ……。
あの人はどう思うだろう……。

こんなふうに人の意見や顔色、世間の常識に左右されてしまう……。
自分の「本当の気持ち」がよくわからなくなることもありました。

たとえば、久しぶりに顔を合わせた知り合いから、
「まだ結婚しないの？　早くご両親を安心させてあげなきゃ」
「女の幸せは、やっぱり子どもを産むことよね」
などと言われて、「早くそうしなくてはいけないのかな？」と自分に負い目を感じてしまったり。

人の言葉に敏感に反応して、そのたびに悩んだりヘコんだりすることも多かった私。なるべく傷つかないようにと、自分の気持ちにフタをするので、ますます自分の「本当の気持ち」がわからなくなっていきます。

そこで、取り出したのがノートです。

ノートを書いていると、自分がなにをすればうれしくて、幸せで、心地よいのかが少しずつわかってきます。

長い間押し込めてマヒさせてしまっていた本当の気持ちに気づくのです。

そうすると「自分がどんな人生を望んでいるのか？」も、だんだんわかってくるのです。

さらにノートを書き続けていると、そのうちに**「ノートに書かなくても、自分の『本当の気持ち』がわかる」**というレベルに達するときが来ます。

迷ったときやなにか選択しなければならないとき、ノートの装丁をチラッと見ただけで、心のなかで「気持ちの整理」がはじまり、すぐに答えが出せるようになります。

自分の中心に、ビシッと1本、**「自分軸」**ができるんですね。

ノートを書くことは、いつも自分の「軸」を思い出させてくれます。

合わない人や場所とは、ムリにつながらなくていい

「ハッピーターンノート」を書いていると、「新しい流れ」がはじまります。

あなたのところにさまざまな新しい「出逢い」や「チャンス」「企画」「挑戦」などがいろいろ集まってくるのです。

そのなかで、あなたは「いまの自分の心にぴったり来るもの」を選択しなくてはなりません。

私たちは「ワクワクする」というものに対しては、わりあい積極的に進むことができます。

一方で、「ちょっとモヤモヤするできごと」もあるかもしれません。

「これって、なんだか違う……」

「なんとなく違和感を感じる……」

「なんとなくひっかかる……」

といった微妙な感じです。


そんなとき、「これって自分のワガママなのかな」「そんなふうに思っちゃいけないな」という感じで、「モヤモヤ」を無視したり、見て見ぬふりをする場合があります。

でも、「なんだか、心がモヤモヤする」ことに関して、あなたはムリをして合わせたりする必要はありません。


なぜなら、**あなたの直感は当たっています。**

頭で考えるのはやめて、心で感じたことを大切にしてみましょう。

心では「なんか気がすすまないな……」と思っているのに「やっぱり、断れない」と直感を無視して進むと、なにかのトラブルとなったり、あなたの心とカラダに影響が出てきたりすることがあります。

実は「モヤモヤする」というのは、

「気づいてくださいね！　それとあなたのなんらかの波動がズレているんですよ」

「心地よく付き合えるように少し距離をとったほうがよいですよ」

「このことに関しては、あまり深入りしないほうがいいですよ」

という「宇宙からのありがたいお知らせ」なのです。

自分の「いまのエネルギー」と「そのこと（その人）」の放っているエネルギーが「ズレています」「合っていません」ということです（このズレは「全体的に合わないとき」と「部分的に合わないとき」があります）。

ある人にとってはとてもいいことでも、あなたがそのことに対して「モヤモヤする」ときは、「いまのあなたには必要のないこと」。

「いまの自分と波動が合っているもの」「本当に必要なもの」「いま心にスマッシュヒット（大当たり）しているもの」……私たちはそういうものに対しては、その話を聞くだけで元気になったり、ワクワクしてきたり、そのことに携わると自然とエネルギーがもらえるようになっています。

ノートを書いていると、自分に正直になれます。

合わないもの（人）に、あなたがムリして合わせることはありません。

自分の「本当の気持ち」を大切にすることが、あなたの運気を上げるのです。

そして「合わないもの（人）」とは、卒業することや一線を引いて付き合うことが必要なときもあります。

そのことに罪悪感を持つ必要はありません。

なぜなら**「本当に必要なご縁は必ず残る」**という、宇宙の法則があるからです。

本当に必要なご縁は必ず残る

人は自分が「孤独」になることにどこかしら不安や恐怖を感じます。

だから、「もう、この人とのご縁は卒業かもしれない」「なんだか、ムリをして合わせるのには疲れたな」……そう感じているような人間関係でも、「自分が孤独になるよりはましだ」と思うと、なかなか手放せないものです。

しかし、あなたにとって「本当に必要なご縁」は必ず残ります。

「本当に必要なご縁」であれば、なにかの事情でいっとき離れても、また、再会してつながるときが必ずやってきます。

その間、電話やメールやラインでひんぱんに連絡をとらなくても大丈夫（もちろん、連絡をとりたいときは素直な心でとってみてください）。

あなたがその人のことを思い出すときは、「あのときはありがとう」と感謝の思いを心のなかで送っておいてください。

本当に必要なご縁であれば、あなたとその方は魂でつながっています。

だから、心配しなくても大丈夫です。

本当に必要なご縁とは、**その人のことを思うだけで心が満たされるような関係です。**

ちょっと会話をしただけで、お互いによいエネルギーを交換できるような関係です。

「この人と出逢えて、ご縁をいただけてよかったなぁ！」

「この人と助け合い、わかち合い、学び合いながら、なにかを一緒に創り出していきたい」

そんなふうに、あなたの人生をますますワクワク楽しいものにしてくれます。

ノートをつけはじめたあなたには、そんな「かけがえのない出逢い」がこれから訪れるのです。

「本当の気持ち」を大切にすることとワガママの違い

「自分の本当の気持ちを大切にすると運気って上がるんですよ」

そんなお話をすると、「えっ！　それってワガママじゃないんですか?」ととまどう人もいます。でも、ワガママとは違います。

本当の気持ちを大切にするとは、「私が、私が」と自己中心的に生きることではありません。

たとえば、人の言葉にふりまわされてしまったり、人がどう思うかを常に気にしたり、なにかにつけて人と比べてしまったり……。そんな生き方はやめて、意識を自分の「本当の気持ち」に向けることです。

とことん自分を見つめて、自分を大切にすることを優先します。

言いかえれば、これが「**自分軸をつくる**」なのです。

「本当の気持ち」を隠していると、自分が苦しいだけでなく、誤解を与えたり、そこからトラブルが発生することもあるでしょう。

気乗りしないことや本心では思っていないことでも、それを口に出してしまうと他人軸を優先していることになり、自分軸がずれていきます。

これからの時代は、**特に「思ってもいないこと」を言ったりやったりしていると、まず自分がとても疲れてきて心に支障をきたすようになります。**

そして、そのこと自体がややこしくなったり、こんがらがってきたり「あの人はいっけん感じがいいけれど、本心ではなにを考えているかわからない」……そんなふうに思われてしまうかもしれません。

自分や人にウソをつくわけですから、自分も人も傷つけることにつながります。

でも「本当の気持ち」で動けば誰も傷つきません。


「この人は、こういうスタンスで生きているんだな」

「彼女って、正直なんだな」

と、シンプルに理解してもらえるようになります。

あなた自身も、もっとラクに生きられるようになるのです。

このハッピーターンノートは、そんな「本当の気持ち探しのレッスン」でもあります。


自分の「本当の気持ち」がわかると、そこに共鳴する仲間が自然と集まります。

あなたの波動と同じ仲間と響き合い、わかち合い、助け合うことで、あなたの運気はしだいに上昇していきます。

「本当の気持ち」に耳をすますと あなたに合うもの、合う場所がわかってくる！

自分の「本当の気持ち」に耳をすますようになると、「いままではそんなに気にならなかったのに、急にあることに対して『これは私には合わないかも……』と思いはじめた」方もいるかもしれません。

そんな場合、誰だって迷ったり、悩んだりしますよね。

以前、私はある習い事に通っているとき、途中で「これは私には合わないかもしれない……」と気づきました。

ところが、そこに通っている人たちと仲よくなっていたし、「私、やめます」とはとても言いづらい状況でした。

でも、そこで行われているプログラムや方針が「どうしても自分には合わない」という心の声がどんどんこみあげてきたのです。

その習い事をやめたシーンを想像すると、なんだか心がホッとしてラクになりました。「合わないものに、ムリに合わせている」という、混乱した波動の私ではなく、いつもどおりのおだやかな波動で過ごしている自分の姿が見えたのです。

私はそのとき気づきました。**自分が楽しく心地よい気持ちになるところ。自分にとってほんとうに必要なもの。そういうものには、迷わないんですよね。**

「やめようか、続けようか、どうしよう、どうしよう……」と迷うものは、自分には必要ないのです。

それがわかったことが収穫でした。

私はその習い事をやめました。その後、自分にもっと合う習い事を見つけられて、そこで大きな出逢いがあり、エッセイストとなる道のりが開けたのです。

このことを象徴している、大好きなお話があります。

黒柳徹子さんの『窓際のトットちゃん』（講談社青い鳥文庫）をご存じですか？

トットちゃんこと徹子さんは、子ども時代、人一倍好奇心旺盛で活発な少女でした。

けれど、自由すぎて「言うことを聞かないダメな子」と問題児扱いされ、最初に通った学校を退学させられてしまいます。

しかし、その後「トモエ学園」というユニークな教育方針を持つ学校へ編入したことで、トットちゃんは、水を得た魚のようにのびのび元気に育ちます。

新しい学校は、子どもの個性を尊重し、長所も短所も含めて生徒一人ひとりを「きみはとってもいい子」とまるごと認めてくれる場所だったからです。


トットちゃんのように、あなたがのびのびと楽しめる居場所は必ずあります。

宇宙には「ご縁の法則」というものがあるからです。

自分に合わなくなったご縁から卒業したとたん、今のあなたにぴったりのご縁がやってくるのです。

「うらやましい」と思ったら「もうすぐ自分もそうなるんだな」

ノートを書き続けていると、「**自分がこうなりたいと思っている願いを、先にかなえている人が身近に出てくる**」という現象が起きてきます。

たとえば、「ステキなパートナーがほしい！」と思っている人の周りには、ステキなパートナーシップを築いているカップルが何組も出てきたりします。

これには、宇宙からの「あるメッセージ」がこめられています。

「あなたも、もうすぐそうなりますよ」と、宇宙が先取りして見せているのです。

ちなみに、これは「パートナーシップ」のことに限りません。

あなたの近くにブログやYouTubeなどを使って「表現をしている人」や「発信し

ている人」が増えてきたら、「あなたも、もうすぐそうなりますよ」。

あなたの近くに自分の知識や経験を生かしてセミナーやワークショップをやっている人が増えてきたら、「あなたも、もうすぐそうなりますよ」。

そういうお知らせなのです。

これはあらゆる幸せや豊かさに対しても同じです。


あなたにも、もうすぐステキなパートナーが現れますよ！

あなたも、もうすぐライフワークが見つかりますよ！

あなたにも、もうすぐ臨時収入が入りますよ！

そんなうれしいサインなのです。


そう、あなたは幸せになるための準備が整いつつあるのです。

これまでどおりノートをつけて、ワクワクしながら波動を上げておきましょう。

「その日」は、最高のタイミングであなたに訪れます。

「自分を大切にすること」を後まわしにしているあなたへ

私の知人で、こんな人がいました。

彼女は、お子さんが2人いる、ステキなお母さんです。

家事が得意で、お料理上手。毎日ご主人やお子さんのために、心をこめて、おいしいごはんをつくっているそうです。

ただ、ちょっと心配になったのは、そんな彼女が自分の食事は後まわしにしていること。たとえばご家族にステーキを焼いたとしても、自分の分は用意しないそうです。

「えっ、ステーキ、お嫌いなんですか？」

とうかがったところ、返事はこうでした。

「いえ。そうじゃないんですが、うちはいま家を買ったばかりで、いろいろ節約しているんです。私なんかがステーキを食べるのはもったいないから……」

じっくりお話を聞いてみたところ、家のなかではいつもお子さんの着古したジャージやTシャツを着ているそうです。

昔はオシャレが大好きだったそうですが、今は美容やファッションにもなるべくお金をかけずにすませていると言います。

家のローンがあっても、食費を削らなくてはいけないほど経済的に困っているわけではありません。ご主人が亭主関白で、彼女を下に見てそうさせているわけでもありません。

どうやら彼女自身が、自分で自分にブレーキをかけているようなのです。

「私には、高価なものはぜいたく」

「自分だけのことなら、質素なものでじゅうぶん……」と。

それは謙虚さなのかもしれません。

彼女には**「私なんかが……」という口グセ**がありました。

「自分は脇役であり、後まわしにされるべき存在だ」というニュアンスを感じました。

彼女の親御さんや周りのおとなは、「身《み》の丈《たけ》に合った暮らしをしなさい」とよく言っていたそうです。

それは昔の日本人の美徳だったかもしれません。

ただ、そうした言葉にしばられていると、その「身の丈＝自分の価値」をはかり間違えてしまうことがあります。

「私なんかが……」

と、自分を必要以上に低く見積もるのがクセになってしまい、自分を大切にすることを忘れてしまうのです。

自分のことより、まず夫と子ども。そうやって家族に尽くしてきたつもりなのに、あるときお子さんからこう言われてしまったのだそうです。

「お母さんのそういうところがキライなんだよ！」

これって、ショックですよね。

でも、お子さんのこのひと言には、こんなメッセージが込められていたのかもしれません。

「お母さん、もう私たちのことばかりでなくて、自分のことを優先して生きてね。自分を大切にしてよ」


本当のあなたは、もっと大切にされる価値がある人です。

そう気づいたときから、あなたの運気は劇的に上がっていくのです。

そのためにも、ハッピーターンノートを使って、自分に起きている「いいこと」や「いい流れ」にどんどんフォーカスしていきましょう。

すると、改めて気づくと思います。

あなたには、たくさんの「いいこと」が降り注いでいることに。

「光の存在たち」は、あなたをいつも守り、サポートしています。

もう「私なんかが……」とへりくだっている場合じゃありませんよね。

「自分へのおもてなし」をはじめると大きな幸せがやってくる

旅に出てホテルに泊まったときに、「わあ、ステキなおもてなしだなあ……」と感激したことはありませんか？

部屋に飾られた季節の花、ピンと張った真っ白なシーツ、肌触りのいいタオルやガウン、アロマの香りのするバスグッズ……。

そういう「ステキなおもてなし」を受けていると、どんなに疲れていても気分があがります。

なぜなら「このステキな部屋にふさわしい自分」「大切にされている自分」というように、あなたの**「セルフイメージ」**が上がっていくからです。

「セルフイメージ」とは、「自分のことをどう思っているか？」ということ。

この「セルフイメージ」をちょっとずつでも高めていくと、運気は劇的に上がりはじめます。

ステキなホテルがしてくれるような「おもてなし」を日常のなかで、自分自身にしてあげてほしいのです。

自分のために、部屋をきれいに片付け、ものを使いやすく整えていく。
自分のために、ステキなインテリアにする。
自分のために、かわいいパジャマやちょっとオシャレな部屋着を用意する。
自分のために、おいしいデザートを用意する。
自分のために、おいしいお茶をいれる。
自分を喜ばせ、自分を癒やす旅のプランを練る。

「大切な人」にそうするように、あなたがひとりのときもあなたをうんと大切にしていねいにもてなしていくのです。

ちなみに私自身のことをお話しすると……。

私は定期的に、**かわいくて着心地のいいパジャマを、自分にプレゼントするのを習慣にしています。**

「gelatopique《ジェラートピケ》」というブランドのパジャマを愛用しているのですが、デザインもかわいくて、着心地がとってもよいのです。

ちょっとお値段は張りますが、パジャマにこだわるのは、「家でくつろぐ時間」を大切にしているということ。出かけていても、そろそろ帰る時間になると、お気にいりのパジャマのことを思い出します。

「さあ、ゆっくりお風呂に入って、あのステキなパジャマに着替えて、寝る前の30分間、自分の好きなことをしよう」

そう思うと、その日の最後の瞬間までが楽しみになるのです。

日常のなかのちょっとしたワクワク感。それが心と体の疲れを吹き飛ばし、あなたの運を上向きにします。

あと私が**「ごほうび」として自分にプレゼントするのが「ちょっとぜいたくなサラダやデリ」**。

デパ地下などで売っているオシャレなサラダを数種類用意して、ワインで自分に乾杯！　これがたまらなく楽しみなのです。

ちなみに私は「ＲＦ１《アールエフワン》」というお惣菜屋さんのサラダが大好きです。生ハムやローストビーフ、魚介などのちょっとボリュームのあるサラダ。カボチャやさつまいも、生クリームを使ったデザートサラダ……。

その日の気分で食べたいものをセレクトし、ワインやカクテルを用意して、ゆっくり時間を楽しむのです。

こんなふうに、ほんの少しでいいので自分にぜいたくなごほうびを用意してあげるのです。

ほかにも、ヘアサロンに行ったときに、いつものメニューにプラスしてヘッドマッサージをしてもらったり、ネイルサロンに行ったり、エステ、アロママッサージなど

もおすすめです。

こういった場所では、その道のプロであるスタッフが、あなたのためだけにたっぷり時間と手間をかけてくれます。

「私は、大切にされるのにふさわしい人」という自己重要感が高まり、「どうせ私なんか……」の波動は消えていきます。

そんな自分のことを自然に大切にしたいと思うようになるのです。

普段の生活で使うものも、「なんでもいい」「安ければいい」ではなく、「大切で、大好きな自分」のために、一つひとつていねいに選びましょう。

マグカップやハンカチ、ペンやスケジュール帳などの小さなものからでいいのです。

心がときめくもの、ずっと大切に使いたいもの、自分の感性と合っているもの……。

それらに囲まれているうちに、暮らす楽しみや幸せ感がどんどんふくらみます。

そして、**日常のなかで幸せを感じれば感じるほど、あなたのもとには、もっと大きな幸福がやってくる**のです。

＊自分を大切にしていると、なぜか人からも大切にされる

実はこうやって自分を「おもてなし」していると不思議なことが起こります。

なぜか、**周りの人が、あなたのことをいい意味で「特別扱い」するようになります。**

これが**「自分をおもてなしする暮らし」が起こす奇跡**です。

「自分をおもてなしする暮らし」をはじめると、その人の「セルフイメージ」や「自己重要感」が劇的に上がります。

すべての運気は「自分を大切にすること」からはじまるのです。

ハッピーターンノートをつけはじめて何日かたったら、ちょっとページを見返してみてください。なんだか日を追うごとに、あなたが書きたいと思った「いいこと」の数が増えている気がしませんか?

「ランチに入ったレストランで、混んでいたのに窓際のいい席に案内してもらえた」
「いつものお総菜屋さんで、おまけしてくれた」
「ほしかった家具を、ピッタリのタイミングで親戚から譲り受けることができた」

など、**「うわぁ、ラッキー!」と思うようなできごとが日に日に増えていきます。**

でも、それは偶然ではありません。

実は、これもハッピーターンノートの不思議な魔法。

あなたが自分を大切にすると、周りの人もなぜかあなたを大切にしたくなる、という魔法が働き、あなたはどんどん幸運を引き寄せはじめたのです。

たとえば、宝石店で白い手袋の店員さんから、うやうやしく宝石を手渡されたら、誰もが「落とさないように」「壊さないように」と、そっと大切に扱いますよね。

逆に乱暴にポーンと放り投げられたら、たとえそれが何千万円もする宝石だったとしても気づかないかもしれません。

宝石を適当に受け取って、もしも落としてしまっても、「まあ、しょうがないか…」とそこまで気にしないかもしれません。

魔法のからくりは、それと同じです。

自分を大切にしはじめたあなたからは、「大切にしてあげなきゃ」「ていねいに接しよう」「傷つけちゃいけない」の波動が出ています。

ですから、周りの人は、無意識のうちに〝そうせざるを得ない〟という気持ちにさせられるのです。それはあなたのとびきりの魅力となり、その魅力に惹かれて人が集まってきたり、「よい運気」が集まってくるようになります。

あなたを特別扱いしてくれる人たちは、なんとなくこんなふうに思っているかもしれません。

今日はなんだかステキなお客さんがやってきた。

なぜだかわからないけれど、彼女には親切にしたくなる。

なぜだかわからないけれど、彼女は守ってあげたくなる。

この不思議な魔法はどんな人にも働きます。

たとえあなたがごく普通のおつとめの方でも、ごく普通のお母さんでも関係ありません。年齢も、容姿も関係ありません。

これは、**自分を大好きになった人全員に、もれなく起こる奇跡**です。

生きるのが、がぜん楽しく、おもしろくなる人生。

明日はどんな「いいこと」があなたに起こるのでしょうか？

「見た目」を磨くと運はグン！　とアップする

自分を大切にして、自分を好きになると、いちばんわかりやすく変化するのが「見た目」です。

ファッションや髪型に「輝きを放つ変化」が出てくるのです。

私の講演会によく来てくださる方もそうでした。

以前の彼女は、たいてい黒やグレー、焦げ茶などの無難な色の服を着て、会場でも選ぶ席は、後ろの隅っこのほう。なるべく目立たないようにして、ひっそりと生きてきたような印象の方でした。


そんな彼女がハッピーターンノートをつけはじめました。

すると、ファッションや髪型、表情が少しずつ変わりはじめました。

モノトーンの服が多かった彼女は、カラフルなトップスやバッグを「さし色」としてちょっとずつプラスしていきました。

そして、ゴムでひとつに結んでいた髪は、ヘアサロンで似合う髪型をスタイリストさんと相談して、やわらかなショートボブに。

それまでは無表情だったり、恥ずかしそうにうつむいていることが多かった彼女ですが、いつのまにか表情も明るくなり、ハツラツとした笑顔が多くなりました。

彼女も、ハッピーターンノートを書くことで、**「私なんか……」と自分を卑下するクセが軌道修正されて、自分を大切にして、自分を好きになる「ハッピー回路」に切り替わった**のでしょう。

彼女に「どんな変化があったのかしら?」と聞いてみたところ、彼女は次のように答えてくれました。

「いままでは自分のダメなところばかりに目が行っていたんです。たとえば、私は容姿や体型にコンプレックスがいろいろあったのですが、すべてそのせいにして、挑戦してみようとしませんでした。『私なんかがオシャレしてもイタいと思われるだけじやないかしら……』と、自分をキレイにしたり、オシャレすることを許さなかったのです」


人は誰でもコンプレックスがあります。

特に容姿に関しては、誰しも、多かれ少なかれ悩みがあるのではないでしょうか。

顔のパーツ、髪の質や量、体重、体型……。人から見たらそんなに気にならないことでも、「ここが許せない！」と本人は思い込んでいる場合がありますよね。

外見以外にも、仕事、収入、学歴、育った環境など、その人にとっては悩ましく、人に隠したいことだったり、「このことがある以上、私はダメだ……」と強烈にひけめを感じているものがあるかもしれません。


けれど「ハッピー回路」に切り替わると、コンプレックスも含めて「それが私なんだ！」と、ちょっとずつ、ちょっとずつ、自分をまるごと認めてあげられるようになります。

そして**「私も輝いていいんだ！」と自信を持てるようになる**のです。
ですから、ハッピーターンノートをつけていると、メイクや髪型、ファッション、表情や仕草までもがガラリと変わってしまうことが多いのです。

「人は、見た目じゃない。中身が大事ですよね」

そう思う方もいらっしゃるでしょう。

もちろん中身の人間性は大事です。

それと同じように、「見た目」も大切です。

いま運気の流れに乗っていて、イキイキと充実して過ごしている人を思い浮かべてみてください。

なんとなく見た目も輝いていませんか？

全体的にキラキラして「ツヤ」があるというか、その人が部屋に入ってきただけで、なんだかその部屋全体がパーッと明るくなる感じがしますよね。

「ああ、この人はいま、運の流れに乗っているんだな」

「この人の話を聞いてみたいな」

「あの人ステキだな」

「あんな人と一緒にお仕事してみたいな」

そんなふうに思われて出逢いやチャンスが増えるのも、その理由のひとつです。

また、それだけではありません。

オシャレと運の関係には、実は、もっと驚くようなヒミツがあるのです。


たとえば、あなたが春らしい明るく軽やかなコーディネートで出かけたとします。

あたたかくやわらかな日差しのなかオシャレして歩くのは、それだけで自分の気持ちがウキウキしたり、なにかいいことが起こりそうな気がしますよね。

でも、ウキウキするのは、あなただけじゃありません。

その日あなたが一緒に過ごした人、街ですれ違った人、同じ電車に乗り合わせた人、立ち寄ったお店の店員さん……。

みんなが、あなたのファッションを見て、「ああ、春が来たんだなぁ」「なにかいい

ことが起こりそうだなぁ」と気持ちがワクワクします。

　あなたが誰かと打ち合わせをするとき、相手が自分のためにオシャレをしてきてくれたら、ちょっとうれしくなりますよね。

　自分と逢うことを楽しみにしてくれていたり、その打ち合わせを大切に思ってくれているのが、相手の装いから伝わってくるからでしょう。

　そうやってオシャレなどで人の心をときめかし、相手を楽しませるエネルギーは、実は、必ず本人に返ってくるのです。

このことを、私は「円《えん》の法則」と呼んでいます。

自分が出したエネルギーは、必ずクルッと円を描いて戻ってくるからです。

人に感謝していれば、必ず感謝が返されるように……。

人に愛ある言葉を投げかければ、必ず愛あるできごとが戻ってくるように……。

ですから、オシャレにはすごい開運効果があるのです。

ハッピーターンノートを書いていると、あなたの魅力をひきたてるような、あなたらしいオシャレがしたくなるでしょう。

家のなかでも「心が浮き立つオシャレ」でパワーを上げる！

家のなかでも「心が浮き立つオシャレ」をしていると、あなたの運気はさらに上がっていきます。

「誰も見てないからなにを着ていてもいいや……」と思うかもしれませんが、洗面所に行ったり、ドレッサーの前を通ったりするときに、自分の姿が鏡に映ることがあります。

そのときに「うわあ、老けたなあ」「疲れているなあ」「なんか元気がない顔をしているなあ」と思った瞬間、あなたのセルフイメージはガクン！ と下がるのです。

私は**気分が落ちているときほど、あえて「明るい色」を着る**ようにしています。

たとえるなら「お花屋さんで目に飛び込んでくる、色とりどりの花の色」。ピンク、ブルー、イエロー、グリーン。お花のようにキレイな色を着ると、なんだか魔法にかかったように少しずつ元気になるのです。

もちろん、シックな色が似合う方もいらっしゃると思いますが、気分が落ちているときこそ、少し明るめの色を着ると色彩のパワーで気分が明るくなります。


また**家のなかでもオシャレをしていると、不思議とやる気が出てくる**もの。

「家のなかでする作業」が、なんだかはかどらないことってありますよね。

「やること」はいっぱいあるのに、気がついたらYouTubeをじっと見ていたり、韓流ドラマをずっと見ていたり、Facebookをずっと眺めたり……。

「ああ、もう夜だ！　やらなきゃいけないことがぜんぜん手につかなかった」

というときもあると思います。

ある有名な料理家さんが、こんなお話をしていました。

「私は家でずーっと家事をする日は、かわいい格好で取り組むようにしています。ひとりで作業をするような日こそ、ちゃんとオシャレしてちょっとメイクもするんです。そうやって心を浮き立たせていると、なぜか家事や作業がはかどるんです」

私はこの話が忘れられなくて、そのときから自宅で作業をするときもオシャレを楽しむようになりました。

すると、なぜか自宅の作業が以前にくらべてグッとはかどるようになりました。

オシャレをしていると、自分のなかのパワーが上がってくるのですね。

仕事や家事が進むだけでなく、家にいながら、よい運気もぐんぐん引き寄せるようになるのです。

自分をほめていると、いつのまにか「ハッピーフロー」に乗っている

人一倍がんばっているのに、自分なりに一生懸命やっているのに、「誰からもほめてもらえないなあ……」と思うときはありませんか？

人はいくつになっても、自分のことを誰かにほめてもらったり、自分がやったことを認めてもらったりするとうれしいものです。

特に自己重要感が下がっているときや疲れているときは、「誰かにほめられたい」「ねぎらってもらいたい」という思いが出てきやすくなります。

しかし大人になると、自分がほめてほしいときに、そうそう都合よくほめてもらえることってそんなにありませんよね。

だから、自分の心が「ほめられたい」を求めているときは、「よしよし、がんばっ

ているね」とほめて機嫌をとる役は「自分」なのです。

けれども、「自分のことなんて、そうそうほめられない……」という方は、ずばぬけてスゴイことをしないとほめられないと思っているかもしれません。

ポイントは**「自分のやっている、あたりまえのことをほめる」**という点です。

「今日のコーディネイト、われながら似合ってたよ」
「晩ごはんのおみそ汁、ていねいにダシをとったからおいしかったね」
「今日もヨガのレッスンを休むことなく続けてえらかったね」

ノートに書く「いいこと」は、そんな自分に対するちょっとしたほめ言葉でもいいのです。

「今日はとりたてていいことはなにも起こらなかった」「なにも特別なことをしないうちに終わってしまった」……そんなふうに思っている自分にも、いいところがあることに気づくはずです。

「今日の自分って、ちょっといいカンジ」
「私は私、これでいいんだ！」

そして**自分のことを肯定的に見られるようになると、あなたは「ハッピーフロー（幸せな流れ）」に入っていきます。**

そして、あなたにとってうれしいこと、喜ばしいことが連続してやってくるようになります。そのうち、あなたにエクストラボーナス（特別なごほうび）がやってくることになるでしょう。

ここまで、この本を読んでくださったあなたは、もうすでにハッピーフローに乗っています。

さあ、次はいよいよ、ハッピーターンノートで夢や願いをかなえるための書き方をお伝えしていきますね。

Part3

書くだけで なぜか 夢や願いがかなう！

ここまで読んで
考え方が変わったあなたは
すでにハッピー回路が
開いています。
実際に書いて、「幸せの波」を、
完全にあなたのものにしましょう！

「夢や願い、望み、これからやりたいこと」を書くだけで奇跡が起こる！

「夢や願い、望みをかなえたい！」と思っていても、実際どのような行動をとったらいいかわからない方も多いかもしれません。

あなたが願いをかなえたいなら、その願いをこのノートに書き出してみましょう。

書くことが、あなたと「願いの実現」をつなぐ架け橋になります。

「夢や願い、望み、これからやりたいこと」を書き出すことには、いろいろなメリットがあります。

まさか「ノートに書き出すこと」が、人生を変えてしまうほどの効果があるなんて知らない方も多いでしょう。

まずノートに書く前に**「心で思い描くこと」**が大切になります。

私たちには平等に**「引き寄せの法則」**というものが働いています。

これは「よく思っていることが現実になる」という魔法の法則です。

ですから「思うこと」はもちろん大切なのですが、「思い描いたこと」は忙しい日常のなかに入ると忘れてしまうことがあります。

特に「心をゆさぶるようなできごと」が起きていたり、目の前のことで心がいっぱいになっているときは、「夢や願い、望み、これからやりたいこと」は、心の奥底に追いやられてしまいがちです。

そこで役に立つのが**「書く」**という作業です。

いま心にある「願い」を実際に書き出していくと「自分が本当はどうしたいのか？」が明確になります。

すると、願いをかなえていくパワーもしっかりと強くなるのです。

書くことによって、自分の心のなかが整理され、さらに「こういう願いを持っている」ということを忘れなくなります。

ですから、このハッピーターンノートはすごい効果を発揮するのです。

パート1〜2を読んで「ハッピー回路」が開いてきたあなたは、運の波に乗りはじめました。

ここからは「書くこと」で、どんどん宇宙に願いをオーダーしていきましょう。

ぜひあなたらしいハッピーターンノートをつくっていってください。

願いの書き方のコツはコレ！

コツ① 「〜します」と言いきる形で覚悟を伝える

ノートに「願い」を書くときには、ちょっとしたコツがあります。

よくあるのは、「〜したい」「〜になりたい」と、お願いをする書き方です。

でも、夢をかなえていくパワーが大きく出やすいように、**「〜します」と言いきる形で、宇宙に覚悟を伝える**ことです。


宇宙や神さまやご先祖さまは、あなたのことをサポートしてくれますが、そこにはひとつ条件があるからです。

それは**「覚悟が決まった人に、宇宙は全力で応援をおくる」**ということ。

この本を読んでいる人のなかには、いまからあげるようなパターンの方はいらっしやらないかもしれませんが、念のため伝えておきますね。

「願いはあるけど、自分は別になにもしなくていいんだよね」「必要な努力も行動もいっさいしたくない」「いまのままで夢だけかなえてほしい」というような「覚悟の足りなさ」には、宇宙も神さまもちょっぴり手厳しいというか、「もうちょっと魂を成長させてほしいな」と思う面があるようです。


また、宇宙の「願いの受け取りセンター」は、非常にシンプルな構造になっています。

「~したい」「~になりたい」と書けば、「オーダーされたのは『~したいと欲している状態』なんだな」と、そのまま受け取ることが多いのです。

つまり、「~したいと思い続けている私」が現実として続いて、願いがかないにくくなるのです。

ですから、ノートの書き方は、できれば「〜します」と言いきる形がいいでしょう。

たとえば、私は願いがかなう前に、次のようにノートに書いていました。

- **私はエッセイストになります!**
- **私は人の心に響くような講演会とセミナーをはじめます!**
- **私はお互いに愛し愛され、人生のパートナーとなり、一緒に共同創造していく「運命の人」と出逢います!**
- **私は大好きな鎌倉に住みます!**

こんなふうに書いているだけで、夢がふくらんでワクワクしてきますよね。

不思議なことに、こうしてノートに書いた瞬間、あなたは夢がかなったときの波動になってしまいます。

私も全然違う場所でノートを書いていたのに、「私、もう鎌倉にいるのかな？」と錯覚するくらい、近くに海の波動を感じたり、鎌倉にたくさんある神社仏閣の波動を感じて、心がほっと癒やされたりもしました。

さらに、118ページから詳しくお伝えする「つもり行動」も実践しました。

そうなったら、宇宙はなるべく早く「その状態になるように」準備せずにはいられなくなるのです。

コツ② 「～します」が書きにくい場合は「～しつつあります」

自分の願いに対して「～します」と言いきるとお話しすると、「とてもそんなふうにできません」とおっしゃる方もいます。

たとえば、いまお金に困っている人は、「私はこれから豊かで幸せになりたい」と願っていても、「私は豊かで幸せです」と言いきるのにはムリがあるかもしれません。

なぜなら、いまの生活のなかに「豊かさ」や「幸せ」と結びつくものが見当たらないから。

「どうせムリだ……」「私には関係のないこと」と思ってしまうから。

その気持ち、よくわかります。

しかし、否定的な考え方がクセになると、たとえチャンスがまわってきたとしても逃してしまうことが多くなります。


あなたがハッピーターンノートを書き続けていれば、チャンスは必ずやってきます。

チャンスが来たら、しっかり受けとめましょう！

そのためには**意識のレベルをいつも高めておく**こと。

豊かで幸せになりたいのなら、「いま私は、豊かで幸せになりつつある途中なんだ！」と肯定的に考えることが大切なのです。

「～します」という言いきりが難しいときは、**「～になりつつある」のように、「現**

在進行形」にして、ノートに願いを書いていきましょう。

きっとすんなり書けるはずです。

ハードルはちょっと下げてもいいのです。

とにかくノートを続けることを優先しましょう。

ノートにかぎらず、**どんなことも「よいほうへ向かいつつある」と考えるレッスン**だと思ってください。

「～しつつある」と現在進行形で考えるのは、あなたの「夢や願い、望み、やりたいこと」を一瞬だって放棄しないということ。

「願いをかなえる人」は、いっときも「そのこと」を忘れない人。

いまたしかに、あなたは願っている方向に進みつつあります。

あなたを幸せに導く直感がおりてくる！

不思議なことにハッピーターンノートを書いていると、だんだん**直感がおりてくる回数が増えてきます。**

新しい仕事のアイディアがピン！　と来たり。

「あの人に連絡をとってみようかな」とピン！　と来たり。

突然、ふと「あそこへ行ってみようかな」と思い立つかもしれません。

そんなふうに**ピン！　と来たら、ぜひ行動にうつしてください。**

その直感は、あなたの夢ややりたいこととは関係ないように見えるかもしれません。

でも実は、どこかでかならずつながっています。

直感を信じて、一歩踏み出しましょう。

以前、私がフリーライターをしていたときに、どうしても「ある喫茶店」に行きたくなりました。

その喫茶店は家から電車に乗って1時間ほどかかる場所にあるのですが、そのお店のことを考えるとワクワクして、「なにかいいことが起こりそう！」という予感がしたのです。

その日は仕事や家事など、やることがいっぱいあったにもかかわらず、私は直感にしたがってみることにしました。

その喫茶店について、コーヒーを飲みながら本を読んで15分ほどたったとき、なんと知り合いの人がそのお店に入ってきたのです。

「わあ、偶然ですね！」とお互い驚きながら話をしていると、その人がこんなふうに言いだしたのです。

「実はいまこういう大きなプロジェクトをはじめたんだけど、いいライターさんを探していてね。田宮さん、興味ありますか？」

そのプロジェクトは私がずっとやってみたい！　と思っていたような企画でした。

「なにかいいことが起こりそう！」という予感どおり、私はその喫茶店で「理想の仕事」をやらせていただくことになったのです。

このように、あなたがハッピーターンノートに願いを書きはじめると、「願いの実現に関係あること」が起こりはじめます。

特に「そのことを考えるとワクワクすること」「なぜか行きたい場所」「やってみたいこと」には、願いを実現させるための伏線となるものが多いのです。

最初は「このことが願いにどうやってつながるの？」とわからなくても、いずれわかるときがやってきます。

ぜひ直感でピン！　と来たことをやってみてくださいね。

夢ややりたいことを人に話したり、ネットで発信する

もうひとつの近道は、夢ややりたいことをオープンに人に話すことです。

「私、イラストレーターになりたいんだ」

「海の近くに住むのが子どものころからの夢なの」

そんなふうに話していると、誰かがなにかの拍子に「そういえば……」と大切な情報をくれる場合があります。

「そういえば、イラストレーターになりたいって言ってたよね。○○という雑誌でさし絵を描ける人を募集していたよ」

「そういえば、鎌倉の海の近くにシェアハウスができたんだけど、そこのオーナーさんを知ってるよ。よかったら紹介しようか？」

こんなふうに、あなたのところにいろいろな情報が集まってくるはずです。

また、今はインターネットを使って、個人で自由に発信できる時代です。

ブログやYouTube、ＳＮＳで「私はこんなことがやりたいんです！」「私はこういうことに興味を持っています」と伝えてみてはいかがでしょう。

あなたが心をこめて発信したことは、最高のタイミングであなたに「うれしいできごと」となって返ってきます。

あなたの夢に共感してくれる人、応援してくれる人、チャンスをくれる人……。

ステキな出逢いがこれからあなたに訪れるでしょう。

私は２０１０年３月に『晴れになっても雨になっても光あふれる女性でいよう！』というブログを立ち上げました。

まだ雑誌の編集者をしていたころです。

子どものころから私の夢は、「心の世界のことを仕事にする」「なにかを書いたり、表現することで、自分の気づきや体験を伝える」でした。

でも、なかなかきっかけがつかめないまま、とにかく目の前の仕事やいただいた仕事を全力でやっていました。

自分の可能性を広げたくて、「作家塾」や「作詞塾」に通った経験もあります。

でも、小説や作詞は私には向いていなくて、どちらも途中でやめてしまいました。

そんなとき「ブログを書いてみよう！」と思い立ったのです。


いまでも、はじめてブログを書いた日のことを覚えています。

休日出勤をして、たまった仕事を片付けてから、誰もいなくなった編集部の部屋で、ドキドキしながら第1回目のブログを書きました。

最初に読んでくれたのは4人でした。

それでも毎日コツコツ書き続けるうちにアクセスが増えていき、いまでは1日に平均30万のアクセスをいただいています。

あれから10年以上休まず、ブログを更新していますが、これがまったく苦になりません。エッセイストとして毎日書くことが楽しいのです。

・自分の夢や願い、望み、やりたいことを人に話す。

・ブログやYouTube、ＳＮＳを使って、自分が表現したいことや伝えたいことを発信していく。

・そしてハッピーターンノートを書き続ける。

これらを続けていると、いつのまにか「なりたいあなた」になっているのです。

「サラサラと軽やかな思い」が願いをかなえる

ノートに「夢や願い、やりたいこと」を書いたら、あとは**目の前のことをやりながら、日々を楽しくおだやかに過ごしましょう。**

「『〜します！』と宣言した以上、早くそうならなきゃいけないよね」

そんなふうに気持ちをキリキリさせていると、それは「執着」と呼ばれるものとなり、願いがかないにくくなってしまうことがあります。

「こうなったら楽しいなあ！」

「こうなったらうれしいなあ！」

「こういうことが最高のタイミングでやってくるといいなあ！」

そんなふうに考えているだけで気分がパーッと明るくなって、心が満たされていく感じ。

自分が子どもみたいに、無邪気にピョンピョン飛びあがりたくなるようなワクワクした気持ち。

こういう**「サラサラした軽やかなエネルギー」**でいると、**「宇宙へのオーダー」が通りやすい**のです。


過去をふり返ってみてください。変に期待していないで、ただただ「そのとき」を楽しんでいたら「願っていたこと」がかなった経験はありませんか？

その反対で「こうならなきゃイヤだ」とか、「どうしてもこれをかなえなきゃいけない」など、ネバネバした粘着質の「重たいエネルギー」になると、とたんに宇宙にオーダーが通りづらくなるのです。

まさに**「思いが重い（おもいがおもい）」**のは、あなたの願いをかなえるのをジャマしてしまうのです。

自分の発信しているエネルギーがいつも軽やかであるように、ノートを書きながら、こんな「魔法の言葉」を言ってみましょう。

「私の心、スッキリ、サラサラ！」

これを口にしていると、「どうしてもかなえなきゃ！」という執着が少しずつ消えていきます。

心がサラサラと軽やかになり、願いがかないやすい「身軽なあなた」になっていくのです。

ぜひこの魔法の言葉をつぶやきながら、楽しい気持ちでノートを書いてみてくださいね。

願いは「ひょんなこと」からかなう！

ハッピーターンノートに願いを書いたら、知っておいてほしいことがあります。
それは「願いは、ひょんなことからかなう」ということです。

「ひょんなこと」とは、「偶然」とか「思いもよらぬ」という意味です。
「ひょん」とは、もともと「宿《やど》り木《ぎ》」と呼ばれる種類の樹木を指していたらしいのです。「宿り木」は「近くにある別の木に偶然からみついてそのまま上手に成長していく」力を持っています。

実はこの「ひょん」と一緒で、人の「願い」も、「この私の願いって、いまの状況でどうやってかなうのかなあ？」というような信じられない状況でも、「ほかのできごと」にからみついて上手に育っていくのです。

ですから「願いをかなえる流れ」は、「ひょんなこと」からたいていはじまります。

私は、いままで自分の「願い」がラッキーにもかなったとき、「どのような経緯でかなったのか」をハッピーターンノートにメモしていました。

それを見直していると、願いがかなうときには、「ある共通点」がありました。

①まず「願い」が心にわいてきたら、それがかなったシーンを楽しく思い描く。

②ハッピーターンノートに書いていく。

③「この願いは最高のタイミングでかなうんだなあ……」とワクワクしながら、毎日の生活を楽しむ。

④しばらくたつと、いっけん私の「願い」とはぜんぜん関係なさそうに見える「新しいできごと」がやってくる。

この**4番目がポイント**なのです。

実は「願いとは関係なさそうに見えること」は、あなたの願いをスムーズに運んできてくれる「かぼちゃの馬車」のような役割を果たすのです。

たとえば、私の友人のAさんのケースがあります。

Aさんには「こういう仕事がしたい！」という願いがあり、それがかなったシーンを思い浮かべ、ハッピーターンノートに書いておいたそうです。

けれども、いくら就職活動をしてもうまくいきません。

そんなときAさんは、「あれ、ひょっとしてこの願いはかなわないのかな……」という思いが頭をかすめたりしたそうです。

でも、「そうだ、私はノートに書いたのだから、安心して目の前のことを楽しんでいよう。なにか気分転換しよう！」と、遊びに行く計画を立てたそうです。

その遊びに行った先で、ひょんなことから、Aさんは気の合う人と出逢います。そして逢うたびに仲よくなり、いろいろな話をするようになったそうです。

この時点では「Ａさんがやりたいと願っている仕事」と「Ａさんと出逢った新しい友人」はまったく関係のないことのように思えました。

そんななか、Ａさんは何度目かの食事の席で、会話の流れから「自分がやりたいと願っている仕事」を熱く語ったそうです。

すると、その友人が「Ａさんが希望している仕事のジャンル」に関わっている人をよく知っていて、「じゃあ、こんど紹介してあげるから、みんなでごはんでも食べない？」という話に自然となったのです。

そして、みんなで食事をした帰り道、その知り合いの方がＡさんに仕事を紹介してくれる方向でとんとん拍子に話が進み、Ａさんはいま念願の仕事をしながら充実した日々を送っています。

もちろん、Ａさんは新しい友人と「仕事を紹介してもらえそう！」ともくろんで仲よくなったのではありません。

損得勘定抜きで、「この人とはなんとなく気が合うなあ!」と思っただけ。

そして、楽しくおしゃべりしていたら「予期せぬうれしい結果になった」のです。

まさに「ひょんなこと」から夢がかないました。

ハッピーターンノートに願いを書いたら、なかなか動きがないように見えても、あれこれ不安に思わず、最高のタイミングでかなうことを信じる。

いちど宇宙に「こうなったらいいなあ!」と強く願ったら、あとはよけいな心配や恐れを入れないで自分の波動を軽やかにしておきましょう。

いっけん物事が停滞しているように見えることでも、水面下では「かなう方向」に進んでいます。

あなたが宇宙を信頼して待っていれば、願いは「最高のタイミング」でかなうのです。

夢がかなうまでは「つもり行動」をしていよう！

――私が「理想の家」を見つけるまでのエピソード

とはいえ、「夢や願いは、最高のタイミングでかなう！」と信じたくても、どうしても不安や心配がわいてくることって、ありますよね。

そんなときに、あなたの心を浮き立たせ、願いをかなえる力を強くする、とっておきの方法があります。

夢や願いを先取りして、「かなったつもり」で行動してみるのです。

これを私は「つもり行動」と呼んでいます。

私も、これで、自分の願いを何度もかなえてきました。

そのときのエピソードを具体的に紹介します。

私は昔から「海の近くに住みたい！」という願いがありました。

さらには神社仏閣が多くて、自然を日々感じられるような場所。

仕事で都内に行くことも多いので、都内にも通いやすい場所。

それらを考えると、最終的に「鎌倉に住みたい！」と願いが決まりました。


その後、不動産屋さんを何軒もまわって一生懸命調べたのですが、なかなか理想の物件に出逢えませんでした。

毎日、毎日、不動産屋さんから「物件情報」が届くのに、どこも私の条件には合わず、だんだん心のなかにあせりや不安が芽生えてきました。

気持ちを切り替えたくなり、不動産情報を見るのはいったんやめることにしました。

そのかわりにはじめたのが、「つもり行動」です。


週に一度、当時住んでいた家から、電車で1時間ほどかけて鎌倉へ出かけていきました。

そして、鎌倉の街のあちこちを「地元の人」になったつもりで歩いてみたのです。

あくまで「つもり行動」ですから、自分の服装や行く場所にもちょっとこだわりました。

地元の人が近所を散歩しているようなラフなファッションで、荷物も小さなバッグひとつ。

地元の人に愛されているカフェでお茶したり、スーパーや日常雑貨を売っているお店を「住んでいるつもり」でチェックしておいたり。

そうやって**「なったフリ」をしているうちに、気持ちが晴れ晴れとしてくる**のを感じました。

「この願いは絶対にかなう！」という確信のようなものが生まれてきたのです。

数週間後、不動産情報を久しぶりに見ていると、そこにはなんと、私の理想の物件があがっていました。

それは急に出ることになった物件で、「売り出し中」になっていました。

私はすぐにその家を見に行きました。

そして家のなかを見せてもらったとたん、驚きました。

私が理想とする間取りで、いまの仕事を続けていくために必要な部屋がそろっていたのです。

いま、私はそのとき願っていた「理想の家」で、この原稿を書いています。

「つもり行動」をしていると、いつのまにかそれが本当のことになっていくのです。

「つもり行動」をしていると、あなたの波動は「そうなった」ように変わります。そして、その波動にふさわしいできごとが引き寄せられるのです。

「つもり行動」はファッションから！
――もしもあなたが○○だったら、どんな服を着てる？

実は、もっと前にも同じようなことがありました。

当時の私は、フリーランスのライターでした。

といっても、仕事をはじめたばかりの「駆け出しライター」で、正直なところ、まだ仕事はほとんどありません。とにかく時間だけはたっぷりありました。

そこで、あるときふと思いついたのです。

「売れっ子ライターさんのフリをしてみよう」と。


そのためには、まずは外見から。

売れっ子ライターさんなら、きっと一流ホテルのラウンジやすてきなカフェで取材や打ち合わせをするでしょう。

そのころの私はいつも家にいたので、デニムにニットやTシャツなど、カジュアルな格好で1日を過ごしていました。カジュアルなのが悪いわけではありません。いまでもお休みの日などは、デニムとTシャツを楽しんでいます。

でも当時の私が憧れていた「売れっ子ライター」という仕事を考えたとき、「すぐに仕事に行ける格好かどうか？」が重要でした。

もしも「急な取材が入ったから、いまから帝国ホテルのティーラウンジに来てね！」と連絡が入っても、すぐには駆けつけられない格好をしていたら、そういった仕事が入ってきにくくなる。

「ふさわしい格好をしている人に、ふさわしいことが起こる」

これが宇宙の法則でもあります。

私はクローゼットの奥からきちんとしたネイビーのジャケットを出してきてはおり、A4の書類がたくさん入る、かっちりしたバッグを肩にかけました。

そして、ヒールのある靴を履いて、さっそうと街を歩いてみました。

そのうちに、毎日のように「ある街」に通うようになりました。

それは東京・神保町《じんぼうちょう》。

ここは〝本の街〟と呼ばれ、数多くの書店や古本屋さんがあり、出版関係者が集まる場所です。

業界の最先端を行く人々の活気、本の香り……。いかにも話題のヒット作がこの街から生まれそう！

そんな活気ある波動をいっぱいに感じながら、私はカフェをハシゴしてブログを書いたり、ハッピーターンノートを広げたりしていたのです。

当時は「つもり行動」という言葉も知ら

ず、ちょっとした遊びのつもりでした。

ところが、数ヶ月後のこと。その神保町にある大手出版社の編集部から、「うちの雑誌で仕事をしませんか?」と電話がかかってきたのです。

これには、本当におどろきました。

「つもり行動」は、「予祝《よしゅく》」でもあります。

「予祝」とは、読んで字のとおり、「予=あらかじめ」「祝=いわう」こと。

実はこれ、私たち日本人は昔からやってきたことなんです。

たとえば、その年の豊作を神さまに祈願して、「お花見」や「お祭り」というお祝いをするのもそのひとつです(お花見はもともと、春に満開に咲く桜を、秋のお米の実りに見立てて、仲間とお酒を飲みながら先に喜び、お祝いすることで豊作を引き寄せる行事でした。夏の盆踊りも、秋の豊作を喜ぶ踊りであり予祝だったのです)。

ご先祖さまたちも「そうなったフリ」をして、地域の人とみんなで一緒に幸運をつかんできたんですね。

「つもり行動」が効くのは、引っ越しや仕事だけではありません。

パートナーがほしい人は「すでに私にはステキなパートナーがいる」というつもりで過ごしてみませんか？

彼がいつ訪ねてきてもいいように、家をスッキリ片づけておく……。

彼の分のスリッパや、マグカップなどの食器を用意しておく……。

洗面所に、彼の歯ブラシやひげそりを置くスペースを用意しておく……。

「まだ願いがかなってもいないのに、そんなことをするのはバカバカしい」と思う人もいるかもしれません。

でも**「いままでやったことのないことを楽しみながらやってみよう！」というスタンスでいる人は、なぜか次々と願いをかなえていきます。**

予祝のパワーを信じてみてください。

あなたが想像もできないようなところから、うれしいお知らせが届きます。

Part4

書くだけで お金 運命の人 チャンス がやってくる

あなたのさまざまな願いが
かなう「種」は、
あなた自身のなかにあります。
書くことでその花を
開かせましょう。

お給料の額は自分で決められる

パート3の冒頭で、「あなたが思っていることが、現実になる」とお伝えしました。

実はこの法則は「収入」にも当てはまります。

「私は月に15万円くらい稼ぐ」と思っている人には、なぜか15万円に近いお給料が入ってくるようになります。

「私は月に30万円くらい稼ぐ」と思っている人には、なぜか30万円に近いお給料が入ってくるようになります。

こう言うと、「お給料は自分じゃなくて会社が決めるもの。私がなにを思っても関係ないのでは？」と首をひねる方もいるでしょう。

はい、もちろんそうなんです。

でも、ちょっとだけふり返ってみてください。

いまの会社を選んだのはあなたであり、そこにいるのも自分の選択です。

このハッピーターンノートを書いているうちに、あなたはさらなる自分の価値や魅力に気づきはじめます。

だから「いまのあなた」にふさわしいお給料を決めましょう。

あなたの価値に見合うお給料の額はいくらですか？

決めたら、その金額をノートに書いてください。

２０２ページに、いまのあなたにふさわしい収入金額を書くページをつくりました。

書いた瞬間、お金の流れは変わります。


書くお給料の額に迷ったら、**「いくらあったら、自分の人生がハッピーになるか」を目安に考えてみる**といいと思います。

「こういう場所に住みたい！　だから家賃は○円ぐらいかかるかな」

「旅行が好きだから、月に1度はどこかへ行けるといいな」

「大好きな○○というブランドの服を、ワンシーズンに1着は買いたい」

「視野を広げるために、新しい習い事をはじめたい」

そのためにはいくらくらい必要かをざっくりでいいので決めてみましょう。

普通にお勤めしている方も、**「絶対ムリ」と決めつけないでください。**

ハッピーターンノートを書き出してから「臨時収入が増えた！」という方が多くいらっしゃいます。

突然昇給して、お給料が劇的に増えた例もあります。

転職して収入アップした人もいます。

副業をはじめることになった人もいます。

ノートをワクワクしながら書いて、**豊かになっていくところをイメージしていたら、さまざまなルートで「お金さん」はあなたのもとに来てくれるのです。**

臨時収入は、金運上昇の前ぶれ

「私、本当にお金に愛されているんでしょうか？」

そんな質問をよくいただきます。

まだお給料は上がっていないし、新しい仕事をはじめたわけでもない……。

たしかに、このままでいいのか、気になりますよね。

でも、安心してください。

ハッピーターンノートをつけているあなたは、すでにそのサインをもらっているのではないでしょうか？


これまであなたが書いた「いいこと」の数々。そのなかに、「なにかの臨時収入が入って、ラッキー！」のような書き込みはありませんか？

臨時収入と言っても、お金とはかぎりません。

最初は、ちょっとしたものが届くこともよくあります。


「ご近所の方から、おすそわけで桃をいただいた」

「出張のおみやげでもらったクッキーがおいしかった」

「仲よしの○○ちゃんが、『これ、おもしろかったよ』と読み終えた本をくれた」

「たまたま買った雑誌に、かわいいポーチがついていた」


見つけましたね！

その**小さなラッキーこそが、お金の神さまからあなたへのメッセージ。**

「最近、ハッピー回路ができてきましたね！　そう、その調子！」

「いいですね！　今のあなた、とっても魅力的ですよ！」

神さまや宇宙は、そうやってあなたにごほうびをくださったのです。

そして、実はこれが、この後やってくる金運上昇の前ぶれなのです。

「ふと思いついてお掃除したら、本棚の裏から封筒がポロリ。見たら、なかにデパートの商品券が入っていた！」

「長い間使っていなかった引き出しをあけたら、すっかり忘れていた預金通帳発見！」

そんなふうに思いがけないところからお金がまわってきます。

最初の「前ぶれ」が届いたとき、臨時収入だとは気づかず、感謝ができなければ、お金の流れはそこでストップしてしまいます。

たとえ**どんな小さなラッキーでも、「ありがとうございます！」と感謝して受け取りましょう。**

それをハッピーターンノートに書くことで、小さなラッキーが続々とあなたに集まってきているとハッキリ気づくでしょう。

そのとたん、あなたの金運は、劇的に上がっていくのです。

書いていると、あなたの「天職」が見えてくる

ハッピーターンノートを書いていると、あなたの好きなことや得意なこと、もっと追求したいことがだんだんわかってきます。

心のなかが整理されていくと、あなたの「天職」がだんだん姿を現してくるのです。

「天職」というとなんだかスピリチュアル的な言葉で、特別な人にしかできない、特別な仕事というイメージがあるかもしれません。

でも、**「天職」はあなたにとってなじみのある仕事**です。

「子どものころから好きだったこと」
「それをやっていると時間を忘れるほど楽しいこと」
「何回やっても新しい発見があって飽きないこと」

「やるたびにワクワクすること」
そんなふうなものが、あなたの「天職」を見つけるヒントです。

「天職」は、人が決めることではありません。また、「いま実在している仕事」とも限りません。

ハッピーターンノートを書いているうちに、「これは私の天職かもしれない」とハッとする瞬間がやってくるでしょう。

最初ははっきりわからなくても、**「好きなこと」「やってみたいと思うこと」をやり続けていくと、だんだん「天職」に近づいていく**ようになっています。

あなたが「天職」に気づき、そこで力を出しきってやっていれば、経済的にも、精神的にも豊かになっていくようになっているのです。

いまの仕事も「天職」へとつなげられる

「私は、自分の天職がよくわかりません。でも、私がいまやっている仕事は天職じゃないと思うんです……」

そんなご意見をよくいただきます。

いま、あなたが「いちばんやりたい仕事」についていなかったとしても、**目の前の仕事に対して「神さまだったら、この仕事をどうやってやるだろう?」と思いながら一生懸命やっていると、それは「天職」へつながっていきます。**

あなたがそうやって「神さま的考察」で仕事をはじめた瞬間、その仕事から「天職」に結びつくルートができていくのです。

「天職」とは、その人がいままでやってきたお仕事の「総集編」みたいなもの。

いままであなたが携わってきたすべてのお仕事（バイトもパートも含まれます）にも大切な意味があります。

目の前の仕事に対して「神さま的考察」でやっていれば、「次のお呼び」がかかって、いつしかそれは「天職」に結びついていきます。

「いちばんやりたい仕事にうつるチャンスって、いつ来るの？」

そう思っていらっしゃる方もいるかもしれません。

そのチャンスは必ずやってきます。

ノートを書いているうちに**「いまだ！」とあなたの魂がはずむような感じがして、いまがそのタイミングだとわかる**ときが必ずやってくるので、それまでは「移行期間」を楽しみましょう。

「移行期間」は、メインの収入源を持ちながら、アフターファイブや休日などの空いている時間で「やりたい仕事」の基礎をつくるときです。

そうやっていると、やりたいお仕事の「職業体験」のようなことをさせてもらえるチャンスが不思議とやってきます。

これは宇宙と神さまがプレゼントしてくれる**「インターンシップ制度（職業体験制度）」**です。

このような流れに乗って「少しずつ、やりたい仕事にシフトしていくこと」が大切です。

なぜなら「メインの収入源」を持っていないと、「不安」や「あせり」が大きくなり、それは「新しいステージ」へ進もうとするあなたの足をひっぱるようになるからです。

いまの仕事から「やりたい仕事」への移行期間を大切にして、その「プロセス」さえも楽しんでいきましょう。

ハッピーターンノートを書いていると、自然とその流れがつくられていきます。

「運命の人と出逢いたい！」ときは書き方にコツがある

「人生を一緒に歩んでいける、すてきなパートナーと出逢いたい」

そんな願いも、このノートに書いてかなえることができます。そのためのワークを１９９ページに用意しました。

ただ、書き方にはちょっとしたコツがあります。

パート３に、「夢はできるだけ具体的に言いきる形で書くとかないやすい」とお伝えしましたが、**パートナーに関してだけはちょっと違う**のです。

たしかに、「理想の相手の条件は、細かく書き出してリストにするといい」という説もありますよね。

でも、条件を書くと、それにしばられてしまうことがあります。

「年収○円以上の人」「身長は○cm以上の人」「年齢は○歳ぐらいの人」……。

そうやってリストと照らし合わせて、相手に「〇」や「×」をつけていると、本当の運命の人が現れているのに、気づかない可能性もあります。

運命の人とは、「人生のパートナー」となる人です。お互いに楽しく成長を助け合うようないわゆる**「ソウルメイト」**です。

けれど、頭で考えている「外側のあなた」は、どうしても条件を気にしてしまう面があります。

「こんな人と付き合ったら、まわりの人に自慢できそう」「親も賛成してくれそう」など、見栄や世間体、常識が「条件」に含まれていることがあるのです。

ところが、運命の相手は、そんな条件を超えたところからやってきます。

では、ハッピーターンノートには、どんなふうに書けばいいのでしょう？

私がおすすめしたいのは、**条件ではなく、「一緒にいることで、どんな気持ちにさせてくれる人がいいか」を書く**ことです。

「ホッと癒やしてくれる人」

「心配したり不安になったり、疑ったりしなくていい人」

「家族のように、一緒にいて心からくつろげる人」

「なんでも話し合える人」

「いてくれるだけで元気になれて、仕事のやる気も上がるような人」


「こんなふうな気持ちになりたい」という望みはウソをつきません。

あなたが望むとおりの思いを味わわせてくれる人が、あなたの前に現れます。


もしかすると、運命の人は、もうすでに近くにいるかもしれませんよ。

なにかの集まりでよく逢う人が「その人」だったり……。

Facebookやインスタグラムにちょこちょこうれしいコメントをくれる人がその人だったり……。

仕事や趣味で、なにかの係を一緒にやったのが「その人」だったり……。

こんなふうに、神さまは、お互い恋の感情がまだないころから、２人をちょくちょく逢わせてくれることがあるんです。

そして、最高のタイミングでお互いに気づくのです。

「ああ、あなただったのね！」と。

「理想のパートナーシップ」の引き寄せ方

——パートナーシップだけがなぜかうまくいかない方へ

この本を読んでいる方のなかには、「ほかのことはうまくいくんだけど、パートナーシップに関してはなぜかうまくいかない」という人がいらっしゃるかもしれません。

たとえば、「仕事ではバリバリ力を発揮して、キャリアを築いている」「女友だちはたくさんいる」「お金に関しては、あまり困ったことがない」「受験や就職などで失敗したことがない」……こんなふうにほかのジャンルではうまくいっているのに、「恋愛に関してだけうまくいかない」ことがあります。

実は「パートナーシップ」というのは、ほかのジャンルとくらべて、ちょっと特殊なゾーンに入るかもしれません。

なぜなら**「がんばること」で、うまくいくものではない**からです。

自分の感情を押し殺すことや「本来の自分と違う自分を演じること」でうまくいくものでもありません。

パートナーシップは「鏡」であって、**「自分のことを知る格好のチャンスをくれるもの」**といえるかもしれません。

「パートナーシップに関してはなぜかうまくいかない」という方は、よくふり返ってみると「何度もくり返しているパターン」があるかもしれません。

たとえば……。

「自分にふり向いてくれない人を好きになる」

「パートナーがいる人からやさしくされたり、甘い言葉をもらうとうれしくなって好きになってしまう」

「パートナーはできるけど、いつも問題が発生して長続きしない」

「『自分のことをホンキで大切にしてくれない』とわかっているのに（そのようなできごとが連続して起きているのに）その人から離れられない」

「誰かを好きになっても、嫌われるのが恐くて自分から関係を終わらせてしまう」

こうした「くり返しているパターン」があるとするならば、そこには「ひとつのお知らせ」があります。

それは「自分と真摯《しんし》に向き合い、自分のことをよく知りなさい」というメッセージです。

そこでハッピーターンノートの１９９ページに、「理想のパートナーシップを引き寄せるワークＮｏｔｅ」を載せましたので、やってみてください。

これは、私のセミナーでもとても人気のあるワークです。自分と向き合うことで、理想の恋愛をかなえます。

パートナーシップには「心の傷」が影響している！

もしもパートナーシップに対してどこか避けていたり、幸せになることをあきらめているとしたら、パートナーシップに関わる「心の傷」が影響しているかもしれません。

誰もが人を好きになった最初のころは「恋のときめき」にウキウキします。

しかし、相手と関係が近づいていくと「愛されたい！」「嫌われたくない！」という欲求と期待が大きくなり、「恐れ」が出てきます。

「私なんて愛されるはずがない……」「本命になれるほどの魅力がない……」、そして「過去にあんなことがあって、あのとき私はひどく傷ついたじゃないの!?」というように、**「過去の恋愛に対する傷」がうずきはじめる**からです。

すると「執着」が入ってきて「サラサラした軽やかな波動」ではなくなってきます。

実は「恋愛」や「パートナーシップ」は特に、「サラサラした軽やかな波動」でいるとうまくいくようになっているのです。

たとえば、こんなお悩みを持っている人がいるかもしれません。

「恋愛対象としてなんとも思っていない人からは好かれるのですが、自分が本当に好きになった人からはふり向いてもらえないのです」

こんなケースは、あなたの波動が影響しています。

恋愛対象として、なんとも思っていない人と逢っているときは、気軽で変にかまえていないので**「サラサラした軽やかな波動」**でいるのです。

相手に言いたいことは臆せず言うし、レストランに行けば好きなものを自由に食べたりして、のびのびと楽しそうなので、相手からはとても魅力的に見えるのです。

ところが恋愛対象として気になる人の前では、「この反対」をやってしまうことがありますよね。

緊張しているので、どこかかまえた感じで、「今日はなに食べたい?」と聞かれても「なんでもいいです……」と答えてしまったりして。

そうするとなんとなく「カタい雰囲気」になっていきます。

本来のあなたの魅力は発揮されず、「嫌われたくない恐れの波動」とか、「どうしても好かれたい執着」などが発生しやすくなって、「重い波動」になっていくのです。

その「重い波動」を相手がなんとなくキャッチすると、恋愛やパートナーシップがうまくいかなくなりやすいのです。

なぜ「重い波動」になるかというと、それはあなたのなかにある「過去の傷」がうずくから。

「過去の傷」を癒やすには、「私にはこういう心の傷があるんだ」と知るところからはじめます。そのために、１９９ページの「理想のパートナーシップを引き寄せるワークＮｏｔｅ」をしてみてください。

恋愛の「心の傷」を癒やして乗り越える方法

パートナーシップがうまくいっている人は「昔付き合っていたパートナー」に対して、「よい思い出」や「感謝の思い」を持っていることが多いものです。「いろいろあって別れることになってしまったけれど、あのとき彼は私のことをたしかに愛してくれていた」という思いが心のなかにあります。

そう思っていたほうが心が軽やかでいられるし、自分に自信が持てたり、楽しい気分でいられます。

そして、その思いは「次のパートナーシップ」に、影響を与えるのです。

次にパートナーができたときに素直にパートナーの愛情を受け取れるし、自分の気持ちも素直に伝えられます。

逆に、

「また裏切られるのでは……」

「付き合った人はやっぱり私から去っていく」

「この世に私と付き合ってくれる人なんていない……」

そんなふうに思っていると、その後に影響があり、**「パートナーシップをうまくいかせない原因」を自分自身でつくってしまう**のです。


ほかの人は「過去の恋愛」に対して、なんやかんや言うかもしれません。

たとえば、「あの人はひどい男だったね」とか「すごくふりまわされちゃったね」「寂しかったからあんな男にひっかかっちゃったんでしょう」など……。

そういう言葉に知らず知らずのうちにショックを受け、あなたの心が傷ついていることが多々あります。


以前、私はある人から「あなたが以前付き合っていた彼氏は、あなたのことを愛していたのではなく、果物屋さんに並んだイチゴをちょっと食べてみたいと思ったに過ぎなかった」と言われたことがあります。

そのとき私は「あいまいな笑顔」を浮かべていたと思います。でも、心のなかはとても傷ついていました。

なぜなら私自身は「彼に愛されていた」と信じていたから。

誰にも人の「ステキなよい思い出」を傷つける権利はないのです。

あなたが「私はあのとき愛されていた」という思いがあるのなら、その気持ちを大切にしてください。

ほかの人の言うことなどに心をまどわされなくてもいいのです。

だって、思い返してみてください。あなたが好きになった人なのです。

どこかに「ステキな部分」が必ずあったはずです。

たとえば、あなたにしか見せないようなかわいらしい部分があったり、あなたしか知らないサプライズをしてくれたり……。たとえ「小さなこと」や、ほかの人にはわからないようなことであっても、相手はたしかにあなたを愛していたのです。

その人と今生《こんじょう》では添い遂げられなかったとしても、あなたは「その人」と出逢ったことでいろいろと学んだはずです。

そしてあなたはその恩恵を必ず受けています。**その人がいたから「いまのあなた」になっている**のです。

別れたときの「ネガティブな思い出」だけでなく、「いちばん楽しかったときのこと」「いちばん愛されているのを実感できたときのこと」だけを「いいとこどり」して思い出すようにしてみてください。

そして、そのいい思い出をハッピーターンノートに書いてみましょう（199ページ「理想のパートナーシップを引き寄せるワークＮｏｔｅ」）。

そうやっていると、自然とあなたは「ステキなパートナーとの出逢い」を引き寄せます。

「喜び上手な人」の才能が開花する理由

これまでたくさんの成功者や大富豪の方を取材させていただきました。

そこでわかったのは、多くの人が、驚くほど「喜び上手」ということでした。


たとえば、ある女性実業家のお宅へうかがったときのこと。

手みやげに私の地元・横浜にあるフランス料理店のクッキーを持っていったのですが、そのときの反応が、今でも忘れられません。

まず受け取られた瞬間のひと言。

「わぁ、ここのクッキー一度食べてみたかったのよ。うれしいわ、ありがとう！」

これだけでも、こちらが恐縮するほどでした。

その上、クッキーの味が3種類あるのを見て、別室にいたスタッフの方まで呼んで、

「みんなでシェアしましょうよ」

と、本当にうれしそうに目を輝かしてくださったのです。

「私、こんなおいしいクッキー食べたことないわ。娘にも食べさせてあげたい！」

と、まるで子どものような笑顔でした。


その方はたいへんなお金持ちですから、自分で取り寄せようと思えば、いくらでもできるはずです。

それでも、こんなに喜んでくださるなんて……。

私のほうが感激でした。


人は、相手が笑顔で喜んでくれると「この人をもっと喜ばせてあげたいな」と感じます。

「この人のお役に立つなら、自分の力を精一杯出してお手伝いしよう」と思います。

だから「喜び上手な人」は、いろいろな人に応援されて、才能がもっと花開くのです。

ハッピーターンノートに「いいこと」を書くのは、喜び上手になる練習です。


日常のなかで見つけた小さな幸せを、一つひとつ大切にしましょう。

「うわあ、幸せだなぁ」

「ありがたいなぁ」

「私って運がいいな」

そんなふうに、めいっぱい喜んでいましょう。

そのたびに「ハッピー回路」のアンテナ感度がもっとよくなります。

結果的に、あなたはますます幸運を引き寄せることになるのです。

「ピンチはチャンス」はウソじゃない

私が今までインタビューさせていただいた「幸せなお金持ち」のなかには、子どものころにつらい経験をした人も数多くいらっしゃいました。

実の親御さんと事情があって離れることになり、ずっと孤独を感じながら生きてきた……。

貧しさのどん底のなか、電気もガスも止められて、その日の食べるものにも困るような生活をした……。

たいへんな病気をしたり、大きな事故をして、生死の境をさまよった……。

そんな壮絶な体験をした方もいらっしゃいます。

けれども、みなさん共通しておっしゃるのが、**「あの経験があったから、今がある。だから心の底から感謝しているんですよ」**という言葉でした。

痛みを知るからこそ人の悩みに深く寄りそえるのです。

自分の苦しみをなんとかラクにしたくて、「心の世界のこと」を勉強して、それを伝えることを仕事にした人もいます。

体が弱くて苦しんだ過去から、健康食品を開発して爆発的ヒットを生み出した人もいます。

過去に感謝することで、それを成功への原動力に変えたのです。

よく**「ピンチはチャンス」**と言いますが、ほんとうにそうかもしれません。

チャンスの女神は「ピンチ」という名のコートをまとって私たちの前に現れる……。

私はそう思っています。

思えば、私が大きな病気をしたこともそうでした。

入院中のベッドで読んだある本に感動して、出版社に感謝の手紙を書いたのです。

「すばらしい本で、本当に励まされました」という内容だったのですが、手紙を読んだ編集の方が興味を持ってくださり、「うちでアルバイトしませんか？」と誘ってくださったのです。

その数ヶ月後に正式に社員にしていただき、私は出版の仕事に足を踏み入れたのです。その会社で編集の基礎を学ばせてもらいました。

あのとき、病気をしていなければ……。

出版社に手紙を書いていなければ……。

いまの私はいなかったかもしれません。

ピンチは、あなたを新しいステージにジャンプさせるために、神さまが用意してくれたプレゼントなのです。

あなたにも、苦しい過去があったかもしれません。

それがトラウマとなって、なかなか前へ進めなかったかもしれません。

でも、ハッピーターンノートを書いているいまは、過去のあなたとは違います。

あなたはどんな過去も自分の学びに変えて、原動力にできる力を持っています。

多くの成功した先輩たちのように、過去をポジティブな「ハッピー回路」で書き換えてみてください。

過去に起きたできごとには、どんなことであっても、あなたの天職や使命、未来のライフワークにつながるヒントがかくされています。

あなたの未来は無限に広がっています。

未来を楽しく思い描きながら、このハッピーフローに乗って前に進んでいきましょう。

あなたはたしかに守られている！

「小さな奇跡は、日常生活でたくさん起きている」

これも、私がハッピーターンノートを書いて気づいたことのひとつです。

「出かける予定がキャンセルになって、ちょっとがっかりしちゃった。でも、その後、突然お天気が急変して大雨になったから、今日は出かけなくてよかった」

「電車を乗りすごして知らない駅で降りたら、そこでずっと逢いたかった友人とバッタリ出逢って、お互いにステキな偶然を喜びました」

このような日常の「小さないいこと」もハッピーターンノートを書く習慣がなければ、見すごしていたかもしれません。

ただの偶然として、すぐに忘れていたでしょう。

でも、あるときふと思ったのです。

「あれ!? 私、もしかしてなにかに守られている?」と。

よく考えてみれば、私の場合、死を考えるほど大きな病気をしたのに、最高のタイミングで命を救われた経験もありました。

もちろん、手術をしてくださった先生や病院のみなさんのおかげです。

ただ、その病院や先生との出逢いも含め、いま思えば、そこに**なにか目に見えない大きな「意思」がはたらいていた**ような気がしてなりません。

私たちは目には見えないけれど、神さまやご先祖さまに守られています。

こういった**「見えない応援団」に感謝の気持ちを持つことは、「命の根っこをつなぎ直すこと」**につながります。

すると、困っていたことが不思議と解消するようになったり、運が安定したり、チャンスが次々とやってきたりします。

ノートを書くうちに、あなたもきっと気づくはずです。

「助かった！」

「このほうがよかった！」

「ラッキー！」

「ぎりぎりセーフ！」

そんな「いいこと」の裏側には、神さまやご先祖さまからの「あなたを守っていますよ！」のメッセージが込められているのです。

ただ、ひとつだけ覚えていてください。

「どうせ私なんか、見捨てられているんだ……」

そんなふうに自分のことを否定していると、神さまもご先祖さまも守りにくくなります。

私の友人に、定期的にコラボセミナーを開催している「すみれちゃん」という女の子がいます。

すみれちゃんは神さまや天使さん、ご先祖さまなど、その人を守っている存在とお話ができる女の子です（すみれちゃんの著書『かみさまは小学5年生』『かみさまは中学1年生』〈ともにサンマーク出版〉は累計40万部以上の大ベストセラーです）。

そのすみれちゃんからこんなお話を聞きました。

自分のことを否定していると、その人のまわりを、目に見えないバリアのような壁がとりかこんでしまい、神さまやご先祖さまなどは、守りたくても守りにくい状態になってしまうそうです。

ですから、**「自分を否定すること」は、やっぱりもったいない。**

神さまやご先祖さまのサポートが受け取りにくくなるのですから。

自分を否定しそうになったら、もう一度、ハッピーターンノートを読み返してみましょう。

「そういえば、あのときも、このときも、なにかに守られていたみたい」

そう気づいたら、**あなたを守ってくれている存在に「ありがとうございます」と感謝しましょう。**

もしも、いままであなたの周りにバリアがあったとしても、守られていることを意識しはじめたらスーッとはずれます。

あなたの後ろにいる「見えない応援団」が、大喜びで「彼女をもっと幸せにしよう」と全力で動いてくれるからです。

神さまもご先祖さまも、あなたを絶対に見捨てません。

だから、もう心配しなくて大丈夫。

あなたは愛され、守られているのです。

もっとラクにナチュラルに、この人生を思いっきり楽しんでいきましょう。

Part5

ハッピーターン効果がますます高まる魔法の習慣

ハッピーターンノートを書きながら、
ほかにもできることがあります。
いつもの習慣を
ちょっとだけ変えてみて。
誰もがカンタン確実に、
幸せになってしまいます。

この章では、ハッピーターンノートの効果をさらにアップする習慣をお伝えします。

①顔に「ツヤ」を出す

ハッピーフローの流れに乗っている人は、いわゆるツイてる人。

そんな人はみんな、内側からにじみ出るような輝きがあり、お顔がツヤツヤしています。

だったら、その輝きを先取りしてしまいませんか？

自分で「ツヤ」をつくってしまうのです。

カサカサしたお肌では、いかにも生活に疲れて見えるだけでなく、実際に「いいこと」が起こりにくくなります。

ファンデーションはマットすぎず、ツヤがあるものを選ぶとよいでしょう。

メイクの前に、意識してふだんより多めにお顔に保湿クリームやオイルを塗って、5分ほどおいて肌に浸透させてから、下地クリームを塗るようにしましょう。

外出中も、クリームをこまめに塗って保湿します。ファンデーションの上からでいいので、指先にクリームを少しだけつけて、肌にやさしく押し込むようにして（ゴシゴシこすらないようにして）、ツヤを足していくのです。

これだけで見違えるほどツヤツヤになります。

私は無印良品のトラベル用の「ポリプロピレンクリームケース」に、普段使っている保湿クリームを入れて持ち歩いています。

そして、トイレなどで鏡を見たときに、「あ、顔にツヤが足りないな」と思ったら「ツヤ足し」をするようにしています。

顔にツヤを出すことは、すべての運気の流れをよくします。

カンタンにできて効果バツグンなので、ぜひ試してほしい魔法の習慣です。

②運がいい人は歩くことが好き

私が編集者をしていたときに取材させていただいた「幸せな成功者」や大富豪、セレブの方々は、その多くが**「歩くことの大切さ」**に気づいていらっしゃいました。ある大富豪の方も、歩くのが大好きでした。もちろん、わざわざ歩かなくても、専属の運転手さんが高級車で迎えにくるような方です。

それでも、少しでも時間ができれば、「ちょっとそのへん歩いてくるね」と車を降りてスタスタ。歩くことを楽しんでいるように見えました。

歩くと、脳の前頭葉《ぜんとうよう》が刺激されて、新しいアイディアやひらめきがおりてくるのだそうです。

さらには、**「足は歩くためにある。だから、歩かないと全体の運気が落ちるんだよ」**とも教えてくださいました。

私も、お仕事でアイデアがほしかったりすると、パッと外に歩きに行きます。

てくてく歩いていると、心のなかにあった「オリ（汚れ）」のようなものが流れて、心にさわやかな風がパーッと入ってくる感じがします。

ブログやYouTubeで発信したいことやアイデアなども、なぜかどんどんおりてくるのです。

「運動」というのは「運が動く」と書きますよね。

停滞しているものなども、歩いて帰ってくると不思議とスムーズに動き出すのです。

女優さんやモデルさんでも、お仕事にノッている人はみんな歩いています。

あなたも、日常のなかでこまめに歩いてみませんか？

外の空気を吸うだけでも波動がリフレッシュされて、滞っていた運気がまた勢いよく流れ出すようになります。

③お金持ちはチョコレートが好き

チョコレートには主原料であるカカオのポリフェノール、食物繊維、マグネシウム、亜鉛《あえん》など、体によい成分が豊富です。

ある有名な占い師さんが統計をとったところ、「お金持ちの人は、チョコレート好きが多い」という結果が出たそうです。

風水では、お金には「金毒《ごんどく》」といって、ウイルスのように人間にとりつき、その人の金運を荒らしてしまう毒素があると考えられています。

その毒素を溶かして浄化してくれるのがチョコレートなんだそう。

お金持ちの人は、そのことをなんとなく知っているのかもしれませんね。

たしかに、私が取材した「幸せな成功者」も、好んでチョコを食べていらっしゃいました。

それも、デパートや専門店の高級品ではなく、スーパーやコンビニでも売っているアーモンドチョコレートがお好きでした。


チョコはたくさん食べると糖分のとりすぎになるので、ほんのひと粒でもかまいません。

あなたも苦手でなければ、**「お金持ちになるおまじない」のつもりで、チョコをひと粒**どうぞ。

家事や仕事の合間や、ノートを書きながら、いかがでしょうか？

④シトラスの香りに包まれると気分がリフレッシュする

ずっと家にこもっていると、気分が煮詰まってくることがあります。

これは、**家のなかの〝気〟が滞っている証拠。**

そんなとき、私はシトラスの香りで浄化することにしています。

シトラスは、**グレープフルーツやオレンジ、ライム、レモン、ユズ**などの柑橘系《かんきつけい》の香り。リフレッシュ効果バツグンです。

家にオレンジなどの果物があれば、スパッと半分に切って置いておくだけでもいい香りがただよいますが、私はアロマオイルで楽しんでいます。

部屋いっぱいにジューシーでフレッシュな香りがして、本当にスッキリ。

あっというまにさわやかな気分になれますよ。

⑤毎日ひとつだけ「新しいこと」をやってみる！

「運のいい人」は毎日、新しいことをひとつだけやっています。

これはほんの「小さいこと」でいいんです。

たとえばランチに「一度も入ったことのないレストラン」に行ってみたり……。

組み合わせたことのないトップスとボトムをコーディネイトしてみたり……。

いつも歩いている道ではなくて「歩いたことのない裏路地」を歩いてみたり……。

ファミレスに入っても定番メニューではなく新メニューを試してみたり……。

不思議なもので**「いつも同じ行動ばかりをしていると運気はだんだんと滞っていく」**という特性があります。

ですから、できるだけ「新しい風」をちょこちょこ取り込むようにしていると、運気がその風に乗ってどんどん上がっていくのです。

⑥使わない紙袋は捨てる

お店の紙袋を必要以上にためて、クローゼットをいっぱいにしていませんか？

私も大量にためていた紙袋のせいで肝心のお洋服がクローゼットからはみだしてしまい、部屋の突っ張り棒につるしていたときがありました。


ある「幸せなお金持ち」の方から聞いたのですが、**家にムダなものがあると、そこから「ムダな波動」が出る**そうです。

そして**「ムダな波動」が充満している家に住んでいると、ますますムダづかいをしたくなるので、お金が貯まらない**のだとか。

それを聞いた私は一目散に家に帰って、お気に入りの数枚だけ残して、大量の紙袋をゴッソリ処分しました（笑）。

あなたも、断捨離するならまず紙袋からはじめてみませんか？

⑦自分へ「1万円プレゼントの日」をつくる

「自分を大切にすること」は、すべての運気を上げる基本です。

ですから、「自分を大切にする！」と決めたら、その記念に自分への「**1万円プレゼント**」をしてみてください。自分を喜ばせ、自己重要感をアップするためだけに1万円を好きなことに使うのです。

・ホテルのティーラウンジやステキなカフェでくつろぐ
・プチ旅行する
・オシャレなルームウェアを買う
・自分の好きな花を買う。

こうしたことをやっていると「自分を大切にする波動」が育ってきます。

この1万円プレゼントは、1ヶ月に1回程度がおすすめです。

⑧キラキラ光るアクセサリーをつける

キラキラしたピアス、イヤリング、ネックレス、ブレスレット、腕時計……。

キラキラしたものを身につけると、あなたの波動が自然に輝きます。

「この人、運がよさそう！」

「一緒にいると、楽しいことが起こりそう！」

そんなふうに人を魅了するオーラが出て、磁石のようにチャンスやラッキーなできごとが引き寄せられるのです。

キラキラしたものは「魔除け」の意味もあります。

世界の王さまや王女さまが、宝石がちりばめられた冠をかぶるのも、そのためです。

キラキラした宝石が、邪気やトラブルから身を守ってくれるんですね。

あなたも、なにかひとつキラキラしたアクセサリーをつけてみましょう。

でも、「自分なんて輝いちゃいけない」と心のどこかで感じていると、キラキラしたものをつけることに抵抗を感じます。

そんな方は、「キラキラ慣らし」をしましょう。

アクセサリーでなくても、キラキラしたポーチ、携帯ケース、ボールペンでもかまいません。

バッグに入れておくだけでいいので、これなら抵抗なくできる気がしませんか？

そう、**この「ハッピーターンノート」も装丁がキラキラしています！**

そして、グッズに慣れてきたら、ぜひキラキラとしたアクセサリーも少しずつ身につけてみましょう。より一層、効果的ですよ！

⑨住んでいる場所に感謝して「国ほめ」をはじめる

実は「幸せな成功」をしている人や「運のいい人」がやっている開運習慣のひとつに**「国ほめ」**というものがあります。

「国ほめ」ははるか昔からあった習慣で、その国の役人に任命された人が「いちばん最初にやった仕事（神ごと）」でもあります。

具体的には**「その国（土地、街）の『いいところ』をほめたたえる」**というものです。

これをしていると、その国（土地）の神さまはとても喜んでくださいます。

いま、もし「運気がイマイチ上がらないなあ……」と思っていらっしゃるとしたら、ぜひ実践してみてください。

「私が住んでいる街には、こんなにいいことがあるよ」

「私の住んでいる土地には、こんなふうな歴史があってね」

「私の住んでいる街に遊びに来てくれる人がいたら、こんなふうにおもてなししますよ」

こんなふうに、あなたの住んでいる土地をほめる言葉をノートに書いてみましょう。

「国ほめ」は、「毎日の生活のなかに幸せを見つけよう」と思っている人だからできることです。

あなたは「土地の神さま」にますます守っていただけるようになるので、運気が安定し、不思議なほど「いいこと」が起こってくるでしょう。

⑩「ありがとう」をたくさん言う

ある「幸せな成功者」の方は、スタッフや車の運転手さん、事務作業を手伝ってくれた人などに、「ありがとう」を本当によく言っていました。

「いつもありがとう。本当に感謝していますよ」

「あなたと一緒に仕事ができてうれしいよ。出逢ってくれてありがとう」

「今日はお誕生日だったね。生まれてきてくれてありがとう」

人は、「ありがとう」と感謝されると、本当にうれしいものです。

「この人とのご縁を大切にしよう」と思いますよね？

どんなときも「ありがとう」のひと言を忘れないようにしましょう。

「ありがとう」は、言えば言うほど、相手の人に喜ばれるだけでなく、あなたの運気が上がっていきます。

そして何歳になっても周りの人から愛されるのです。

Epilogue

未来はいつでも自分が信じているものでつくられる！

私はときどき自分が数年前に書いていた「ハッピーターンノート」のページをめくってみることがあります。

すると、ふだんは忘れていたようなことを突然思い出したりします。

迷い、悩み、あせり、ふとんのなかで泣きはらしていた当時の私。

あのときはどうしたらいいのかわからなくて、誰にも相談できなくて、明日を生きるのがイヤになるようなできごともありました。

そんなとき、私を救ってくれたのは「ハッピーターンノート」でした。

ノートを書くことで、悲しみや怒りでいっぱいだった私の心はクレンズ（浄化）されていきました。冷静さをとりもどし、心がだんだんおだやかになり、「もう一度自分を信じて、宇宙や神さまに守られていることを信じて、明日を生きてみよう」という気持ちになりました。

ハッピーターンノートは心の軌道修正を手伝ってくれる、最高のサポーター。私にとって誰にも言えないことも、ありのままに話したり相談できる親友のような存在でもありました。

最後にみなさんにお伝えしたいのは**「未来はいつでも、あなたが信じているものでつくられる」**ということです。

人生は、その人が信じているものでつくられていきます。

私たちがなにを信じているかは「過去に起きたこと」や「過去に人から言われたこと」が大きく影響しています。

あなたが信じていることは、いまも日常のなかでひんぱんにくり返されていて、「未来もきっとそうなるだろう」という予想を自分で生み出しています。

その人が強く信じていることで、よい方向に人生をひっぱっていくものを「信念」と呼ぶことがあります。逆に悪い方向に人生をひっぱっていったり、うまくいくことをジャマしてしまうものを「思い込み」と呼ぶことがあります。

どちらも「信じる力」に変わりありません。

「信じる力」が強い人は、自分しだいでそれをよい方向にも悪い方向にも使えます。

ですから、いままで自分を「どうせ私なんて……」と悪く思い込んできた人は、その「信じる力」をよい方向に使えば、大逆転の幸せな未来をつくれるのです。

いままで「信じる力」を悪い方向に使ってしまっていた人には、いまこそシフトチェンジするときが来ています。

自分の「思い込み」をシフトチェンジをするには、いつもあなたのそばにいて、助けをくれるサポーターが必要です。

いつもあなたに「大丈夫だよ」「それでいいんだよ」と言ってくれる親友が必要なのです。

そのサポーターや親友が、「ハッピーターンノート」です。

この本を手にした瞬間から、シフトチェンジの魔法ははじまっています。

あなたがハッピーターンノートに書けば書くほど、日常のなかに「幸せな奇跡」が連続して起こるようになるでしょう。

すべては「自分を大切にして、自分を信じること」からはじまっていくのです。
この「ハッピーターンノート」はそのためにあります。

この本をつくるにあたり、編集を担当してくださった江波戸裕子さん、編集協力をしていただいた金原みはるさんには感謝の気持ちでいっぱいです。

もしよかったら、あなたのハッピーターンノート体験をＳＮＳに**「#ハッピーターンノート」**とタグをつけて投稿していただけたらうれしいです。
ハッピーターンノートで幸せな未来をつくっていく喜びをわかち合いましょう。

あなたがますます幸せで心地よくあることを、私はいつも応援しています。
今日もありがとう。いつもありがとう。

田宮陽子

Happy Turn Note

※ここからは、223ページ(巻末)から読んだり使用します。

⑦

1.私は不思議とツイている！
2.やっぱり私は運がいい！
3.このことは大きな学びになる！
4.最後にはすべてよくなる！

ピンチのとき、運をとにかく上げたいとき

実は「運がいい」と言われる人も、トラブルや問題はほかの人と同じように起きているのです。しかし、運のいい人はとことん落ち込んだ後は、心を立て直そうとします。「自分の心を立て直したときから幸せが再びやってくる」ということを「運のいい人」は本能的に知っているのです。
この４つの開運言葉はとくに軌道修正パワーの高いものです。これを何回もつぶやいたり書いたりしてみてください。ある回数を超えたときに、「そうだ、こうしよう！」と具体的な対処法が見えてきたり、さまざまなものを通じて問題解決のヒントが来たりします。

キリトリ

キリトリ

⑦

1. 私は不思議とツイている！

2. やっぱり私は運がいい！

3. このことは大きな学びになる！

4. 最後にはすべてよくなる！

⑤

今日はいい日だったなあ。明日はもっといい日になるな！

寝る前に、なんだかモヤモヤして寝つけないとき

寝る前の時間は運気アップの「ゴールデンタイム」。このとき、考えたことや思ったことは、心の奥にある「潜在意識」に入りやすいのです。「潜在意識」に入ったことは宇宙への「お願い」として届きやすく現実になりやすい。だから、寝る前は楽しいことだけを考えたいものですが、「イヤなことを思い出して眠れない」というときもありますよね。そんなあなたのために、この魔法の言葉を贈ります。

キリトリ

⑥

大どんでん返しはきっと来る

イヤなこと、つらいことが続いたとき

あなたがいまなにかでつまずいていたり、苦しい状況にあるのなら、こんなふうに思っていただきたいのです。「いまは苦しくても、きっと最後にはすべての物事がいい方向へ進む！」と。私も大きな病気をしたときに、ハッピーターンノートをつけることで、「この病気はなにかをきっかけに治るんじゃないかな？」というポジティブな気持ちが芽生えました。そう、大どんでん返しが来ると信じたのです。その人が強く信じていることは最高のタイミングで現実になります。

5

今日はいい日だったなあ。
明日はもっといい日になるな！

キリトリ

6

大どんでん返しはきっと来る

③

私は大好きなことで幸せなお金持ちになります！

「しょせん私なんて、豊かさとは関係ない人生だから」。そんなふうに強く思っていると、豊かになるチャンスが来たときに「受け取らない行動」を無意識にしてしまうことがあります。たとえば、「お金持ちになりたいなんてはしたない気がする」「今までずっと貧乏だったからお金には縁がない」などとどこかで思っていたら、なかなか豊かにはなれません。この言葉を使って、あなたの潜在意識に「お金に対するポジティブなイメージ」をストンと入れていきましょう。

キリトリ

④

できる範囲がパーフェクト！

仕事やパートナーシップなどかなえたいこと、トライしたいことがあっても、「自分なんかにできるかな」とネガティブな気持ちがわいてくることもあるでしょう。誰でもネガティブになるときはあるので、悪いことではありません。ただ、そんな気持ちがあまりに強すぎると、ネガティブな状態がキープされてしまいます。なので、ちょっとだけこの言葉で心の軌道修正をすると、その後の人生が大きく変わります。

③

私は大好きなことで

幸せな地図が

キリトリ

④

できる範囲がパーフェクト！

キリトリ

1

このことは、きっといいことに変わる

ショックなこと、イヤなことが起きたとき

197ページで紹介しましたが、ショックなときもこの言葉を唱え続けることで、胸のなかがちょっとずつ温まっていくのがわかります。「不安」という闇が消え、「安心」という光が少しずつ少しずつ広がっていくのです。
そして、本当に少しずつ「いいこと」に向かって物事が軌道修正されていきます。

2

**大好きな仕事も、ステキなパートナーシップも、
両方受け取ります！**

パートナーがほしいとき、片思いしているとき

「どうして私って恋愛がうまくいかないんだろう」と思うときはありませんか？　そんなときは、実はどこかで「パートナーをつくることに対してストップをかけている」のかもしれません。心の奥の奥で「人に甘えてはいけない」「幸せになってはいけない」と思っていたり……。そんな心のブロックを解除するために、この言葉を書いたり、何度もつぶやいたりしてみてください。

キリトリ

1

このことは、
きっといいことに変わる

2

大好きな仕事も、
ステキなパートナーシップも、
両方受け取ります！

あらわれて、うまくおさめてくれた」という驚くような連絡が入り、ホッとひと安心したのです。

書き写したり、つぶやいていると奇跡が起こる！

そう、言葉には「言霊《ことだま》」といって、大きな力があるのです。

ですから、ここではとっておきの開運言葉を7種ご紹介します（各言葉の次ページに効果について書いています）。

寝る前やイヤなことがあったときなどに、このページを30秒でも眺めてください。これだけでも心の軌道修正ができます。

この言葉は、125ページにも書いた「これから起こることを先取りして祝う」という「予祝」の力も持っています。

あなたが発した言葉が、あなたの未来をつくるのです。

だから、プラスのエネルギーを発する言葉、愛の言葉、ワクワクする言葉を使いましょう。

さらに、言葉のシャワーを浴びるように、何度もくり返すといいですよ。

特に「何度も紙に書くこと」はパワフルな効果を発揮するので、時間があったら、「写経」のように、書き写してみてください。

疲れているときや抵抗があるときは、「眺めるだけ」「つぶやくだけ」でももちろんＯＫです。

切り取って壁に貼ったり、バッグに入れておいてもいいですね。

プラスの「言霊」が放っているよいエネルギーが浴びられて、とってもハッピーな気持ちになれます。

そういうときは「言霊《ことだま》のチカラ」を借りましょう。

「このことは、きっといいことに変わる！」

ただただ、そう口に出しているだけで、その「困ったできごと」が本当に「プラスのこと」に転じやすくなるのです。

さらに、それを重ねていくうちに「強運のパワー」がたまっていくので、「これはいいことでもなく、悪いことでもない」という「普通のできごと」まで、自然と「いいこと」に展開していってしまう。そういう「ステキな魔法」がはじまるのです。

この「ステキな魔法」のはじまりは「えっ、なんでこんなことが！」と思うような「よくないこと」が起こったときに、できるかぎり早く「このことはきっといいことに変わる！」と言えるかどうかにかかってきます。


私自身、この言葉に何度も救われました。

あるとき、私の心を大きくゆさぶるようなとんでもない知らせが私のところに入ってきたことがありました。

連絡を受けたのは、ちょうど新幹線に乗り込もうとしていたとき。でも、新幹線に乗っている間はなにもできません。「どうしよう……」とパニックになりかけました。

けれど、言霊はいつでもどこでも実践できます。私は２時間ほど、車中で震えながらこの言葉を何度もくり返したのです。

「このことはきっといいことに変わる。このことはきっといいことに変わる……」

すると、新幹線を降りるころになって、「助けてくれる方が

Part7

なにが起きても
運気は下がらない！　開運言葉で
心のリセットノート

イヤなことが続いたら、開運言葉でリセット

「今日はイヤなこと続きで疲れちゃった。ノートに書くような『いいこと』は見つからないかもしれないなあ……」

ときには、そんな日もあるでしょう。

そんなときにぜひ使ってほしい魔法の言葉をお教えします。

「このことは、きっといいことに変わる」です。

突発的なアクシデントの直後というものは、いいことに転じる場合もあれば、さらに困ったことに転じる場合もあります。

そういうとき、あせったり、パニックになっていつもはしないような行動をとってしまったりと、バタバタもがいているうちに「運気低迷の悪循環」にはまってしまうことがあります。

そうなると、本当につらいです。

だからこそ、「運の軌道修正」をして運を落とさない工夫が必要なのです。

message

このワークは筆者のセミナーでもとても人気のワークです。肩の力を抜いて、ありのままに書いてみてください。

★理想のパートナーシップを引き寄せるワークNote

143〜152ページを参考にしてください。こちらに書ききれなかったら、別のノートに書いていただいてもかまいません。

① パートナーシップがうまくいっていないとするならば「何度もくり返しているパターン」はありますか？

たとえば「いつも自分にふり向いてくれない人を追いかける」「パートナーはできるけど、長続きしない」など、思いつくことがあったら書いてみましょう。

---

② 「パートナーシップ」には「心の傷」が影響しています。

「過去の恋愛」で傷ついたこと、ショックを受けたこと、悲しかったこと、わかり合えなかったことがあるとするならば、いちばんあなたの胸にひっかかっていることはなんですか？

---

③ あなたが「心の傷を受けた人」から愛されていた思い出や「受容」されていたことがあるとしたら、なんですか？

「最後はあんな別れ方になったけど、あんなことをしてくれたことがあったなあ……」など、その人と関わって得られたことはありますか？

月　　　　　日

Ⓒ かなえたい夢や目標はなんですか？
具体的に書いてみてください。

● その理由も書いてみましょう。

Message

かなえたい夢や目標はなるべく具体的に書くことがコツです。さらには、「つもり行動」（118ページ）もしてみましょう。思いが重くなりそうなら「私の心、スッキリ、サラサラ！」と言ってみてください（112ページ）。

10日目

a 「今日起きたいいこと」「自分へのほめ言葉」
「住んでいる土地へのほめ言葉」などを書きましょう。

月　　日

6 月のお給料はいくらほしいですか？
いくらあったら人生がハッピーになりますか？

Message

もし、あまり大きな額を書くことに抵抗があるなら、最初はほどほどの額を書いて、後から上げていってもOKです。

9日目

a 「今日起きたいいこと」「自分へのほめ言葉」
「住んでいる土地へのほめ言葉」などを書きましょう。

月　　日

6 理想のパートナーはどんな人？　一緒にいることで
どんな気持ちにさせてくれる人ですか？

Message

パート4でお伝えしたように、条件ではなく「私を癒やしてくれる人がいい」や「なんでも話せる間柄がいい」など、自分の望む「気持ち」や「感情」を書きます。

8日目

ⓐ「今日起きたいいこと」「自分へのほめ言葉」
「住んでいる土地へのほめ言葉」などを書きましょう。

月　　　日

⑥ いま、やりたいことはなんですか？

Message

「カフェでカプチーノを飲む」「パリに行く」「スポーツジムに通う」など、大きいことから小さいことまでなんでもかまいません。実現可能か不可能かも考えないようにしましょう。

7日目

a 「今日起きたいいこと」「自分へのほめ言葉」
「住んでいる土地へのほめ言葉」などを書きましょう。

月　日

⑥ いま、なにか心がモヤモヤしていること、
ひっかかっていることは？

Message

パート2でもお伝えしたとおり、「モヤモヤ」は「あなたに合っていない」という大事なお知らせです。

6日目

a 「今日起きたいいこと」「自分へのほめ言葉」
「住んでいる土地へのほめ言葉」などを書きましょう。

6 誰とでも逢えるとしたら、いちばん逢いたいのは誰？

Message

初恋の人でも、将来の運命の相手でも、テレビの向こうの人でも、思いついた人をあげてみましょう。

5日目

a 「今日起きたいいこと」「自分へのほめ言葉」
「住んでいる土地へのほめ言葉」などを書きましょう。

月　　　日

⑥ なにを思うと心がパッと明るくなる？

Message

少しずつ「いいこと」探しが上手になっていませんか？

4日目

a 「今日起きたいいこと」「自分へのほめ言葉」
「住んでいる土地へのほめ言葉」などを書きましょう。

月　　　日

⑥ いま、なにがいちばん食べたい？

Message

たまにはダイエットを忘れて、食べたいものを食べたっていいんです。

3日目

ⓐ「今日起きたいいこと」「自分へのほめ言葉」
「住んでいる土地へのほめ言葉」などを書きましょう。

月　　日

⑥ 体に痛いところ、調子が悪いところはない？

Message

調子の悪いところがわかったら、マッサージしたり、休みをとる、病院へ行くなど自分で自分をいたわりましょう。

2日目

a 「今日起きたいいこと」「自分へのほめ言葉」
「住んでいる土地へのほめ言葉」などを書きましょう。

月　　日

⑥ 自由な時間ができたとしたら、どこへ行ってなにをしたい？

Message

書くことはたったひとつでもかまいません。
肩の力を抜いて書いてみましょう。

1日目

a 「今日起きたいいこと」「自分へのほめ言葉」
「住んでいる土地へのほめ言葉」などを書きましょう。

Happy Turn Note

キリトリ

Message

ネガティブなことをすべてここに吐き出したら、切り取って、封筒に入れて捨てるか、燃やしてしまいましょう（火のもとには気をつけて！）。このページだけでは足りなかったら、ほかのノートなどにグチを書いてもOKです！

0日目　　　月　　　日

イヤだったこと、不安なことなど、ネガティブなことをすべて吐き出してください。

キリトリ

Part6

いよいよ「いいこと」探しがはじまります！

Happy《ハッピー》 Turn《ターン》 Note《ノート》

▶**最初のページ**（0日目）には……

イヤだったことなど、グチなどを吐き出します（38ページを参考に）。
これは切り取って処分します。

▶**次のページ**（1日目）からは……

a 「今日起きたいいこと」「自分や住んでいる土地へのほめ言葉」などを書きます。どんなささいなことでもかまいません。

b 「自分を知るための魔法の質問」です。
運がいい人は、1日のうちに必ず「一人になる時間」をつくっています。
なにをしているかといえば、それは、自分との対話。
忙しい日々を送っていると、自分の本当の気持ちがわからなくなってしまうことがあります。だから、自分で自分に質問するのです。

c 「夢や目標」を書きます。「～したい」ではなく「～する」と書きます。

▶**なるべく、ゆったりとした気持ちで書いてみましょう。**
10日後、新しいあなたと出逢えるのが楽しみです。

ここには10日分のノートを用意しましたが、ぜひご自分のノートでも続けてみてください。「いいこと」や「夢や願い」などは、何回でも何日間でも書いていいのです。

田宮陽子（たみや・ようこ）

エッセイスト。

雑誌・書籍の編集者時代、1000人を超えるさまざまな「成功者」を取材する。その後、斎藤一人氏の本の編集協力を経て、エッセイストとして独立。毎日、更新しているブログが反響を呼び、1日平均30万アクセスを集め、アメーバ人気ブログランキング「占い・スピリチュアル部門」で常に上位を獲得している。

著書に『あなたの運は絶対！よくなる』（PHP研究所）、『見た目を磨くとすべてがうまくいく！　あなたの金運・恋愛運・仕事運は絶対よくなる』（永岡書店）、『運命の人　あなたに「愛の奇跡」を起こす本』（マキノ出版）などがある。


書くだけで願いがかなうハッピーターンノート

2021年２月26日　第１版第１刷

著者　田宮陽子

発行者　伊藤岳人
発行所　株式会社 廣済堂出版

住所　〒101－0052
東京都千代田区神田小川町2-3-13M&Cビル７Ｆ

電話　03－6703－0964（編集）
03－6703－0962（販売）
FAX　03－6703－0963（販売）
振替　00180-0-164137
URL　https://www.kosaido-pub.co.jp

印刷所
製本所　株式会社 廣済堂

ISBN978-4-331-52325-4　C0095